Korea
나를 위해 울지 말아요

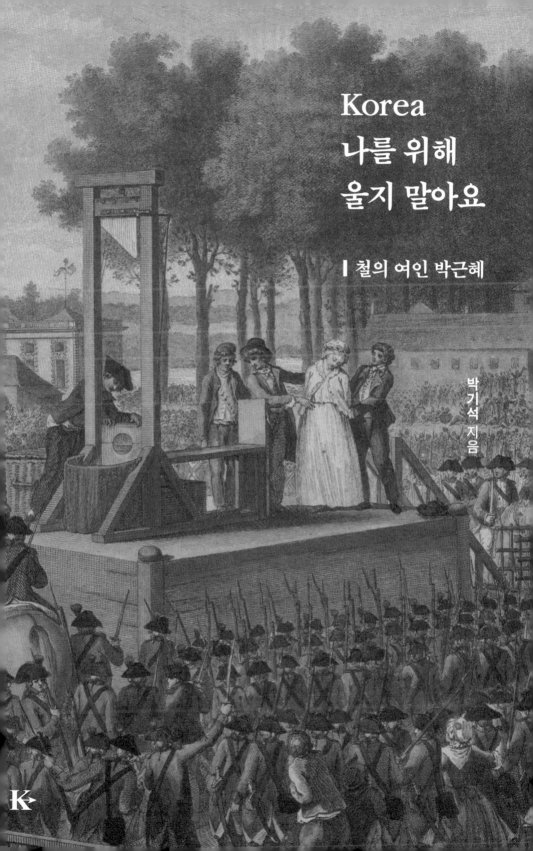

Korea
나를 위해
울지 말아요

철의 여인 박근혜

박기석 지음

이 글은 문득 눈을 감고 내가 그녀가 되어 밤 깊도록 써 내려간 것이다.

나와는 일면식이나 우연한 조우도 없었던 그녀였지만 어느 날 갑자기 자신의 목숨보다 더 소중하게 여기던 명예를 박탈당하고 영어의 몸이 되고 만 그녀에게 내려진 형벌이 나의 가슴을 너무나 어둡고 차갑게 짓눌러 버렸기 때문이었다.

그날 이후 내 가슴속 아픔은 분노의 불덩이로 타오르기 시작했고 나는 그 뜨거운 열기를 달래기 위해 매일같이 찬바람이 휘몰아치는 거리로 나가 사람들을 향하여 외치기 시작했다. 어디서부터 잘못된 것인지는 모르지만 당신들이 가고 있는 그 길은 분명 잘못된 길이라고. 그러나 아무도 나의 외침을 들으려 하지 않았다. 심지어 세상에서 나를 제일 사랑하는 사람이라고 믿었던 아내와 어린 딸마저 가슴속의 분노를 달래기 위해 몸부림치는 나를 마냥 불안한 눈빛으로 바라보고 있었다.

한 해, 두 해 시간이 흘러가면서 나는 알게 되었다. 내 가슴속에서 타오르고 있는 분노보다 더 뜨거운 화를 안고 있는 사람들이 그들의 분노를 달래기 위해 시청 앞, 대한문 광장, 광화문 세종대왕 앞과 동화면세점, 그리고 서울역 광장, 동대문프라자 앞으로 몰려가 태극기를 흔들었고 와중에 3명의 희생자가 한 줄기 빛도 영광도 없이 차디찬 아스팔트 위에서 피를 흘리며 죽어 갔다는 것을.

세월이 흘러가면서 그녀에게 국정농단이라는 악의에 가득 찬 올가미를 씌운 그들이 내세웠던 "기회는 평등할 것이며 과정은 공정하고 결과는 정의로울 것"이라는 프레임이 허구라는 사실이 드러났고, 그녀는 4년 9개월의 기나긴 옥중생활을 마감하고 자유의 몸이 되어 사저로 돌아왔다. 그리고 마침내 밤을 새워 가며 내가 그녀가 되어 써 내려간 글도 마침표를 찍게 되었다.

이 글을 쓰는 동안 그녀의 삶과 탄핵과 관련된 많은 문헌과 기사들을 참고로 하여 최대한 객관적인 사실에 충실하도록 노력했지만 내가 그녀가 되어 써 내려간 글이기 때문에 일부 내용은 창작으로 이루어진 것임을 미리 밝혀 둔다.

/목차/

"

모든 것을
바꾸어 버린 그날

"

1960년대 서울의 주요 간선도로에는 좁은 노면 철로를 달리는 전차가 운행되고 있었다. 대부분 30년이 넘는 노후화된 차량이라 속도도 느리고 고장이 잦았으며 불안정한 노면 때문에 덜컹거리는 소리를 내며 달리기도 했다. 그래도 서민들에게는 사랑받는 교통수단이었는데, 이는 버스보다 저렴한 요금 때문이었다.

그런데 서민들의 발인 전차에서 뜻밖에 대통령의 큰딸인 그녀를 만날 수 있었다. 장충동에 있는 학교로 등교하기 위하여 매일같이 전차를 이용하고 있었기 때문이었다. 당시 그녀는 청와대가 아닌 외할머니 집에서 머물며 학교에 다니고 있었는데, 이는 어머니인 육영수 여사가 대통령의 딸이라는 이유로 관용차를 타고 다니는 모습이 자칫 국민에게 위화감을 조성할 수 있다고 여겼을 뿐 아니라 그녀 본인도 전차를 이용하는 것이 더 편하다고 생각했기 때문이었다.

붐비는 전차 안에서도 승객들은 이내 그녀를 알아보며 수군거렸다. 승객들의 시선이 자신을 주시하고 있다는 것을 알고 있었던 그녀는 편안한 자세를 취하지 못하고 허리를 곧게 편 채 앞만 바라보아야 하는 불편힘을 감수해야만 했다. 그래도 반가움을 표하는 승객들에게 환한 웃음으로 답하였고 하차할 때면 제복을 입은 차장님에게 늘 감사의 인사를 잊지 않았다. 그녀에게는 전차를 타고 학교를 오고 가는 이 시간이 평범한 사람들과 소통하며 행복을 느낄 수 있는 유일한 시간이었다.

대학교 생활도 여느 높으신 분들의 자제들과는 달리 외국 유학 대신 신촌의 서강대를 택하였다. 서강대가 위치한 신촌 로터리 주변은 연세대, 이화여대, 홍익대 등 여러 대학이 있어서 젊음의 멋과 낭만이 넘치는 대학타운이 되어 있었다. 밤이 되면 여기저기서 통기타 소리가 울려 퍼지고 거리는 삼삼오오 왁자지껄 몰려드는 젊은이들로 넘쳐났다. 그 속에 이제 갓 스무 살이 된 그녀도 있었다. 최소한의 경호원들만 동행하여 눈에 띄지 않게 경호하라는 어머니 육영수 여사의 엄명이 있었기 때문이다.

하지만, 평범한 사람들에게 그녀는 가까이하기엔 너무 먼 당신이었다. 강의실에서 매일 만나는 친구들조차 일정한 거리를 두며 호기심 가득한 시선으로 그녀를 바라볼 뿐 선뜻 먼저 다가오는 모습을 보여 주지 않았다. 그들은 알고 있었다. 그림자처럼 끊임없이 누군가 그녀의 뒤에서 그녀를 지켜보고 있다는 것을….

그렇게 보이지 않는 창살에 갇혀 대학교 시절을 보낸 그녀는 대학원에 진학하기 위해 어학연수차 프랑스로 향했다. 그곳에서 그녀는 오랜 세월 동안 언제 어디서나 그녀를 옥죄던 창살 같던 주위의 시선에서 해방

되는 여유로움을 즐길 수가 있었다.

샹젤리제 노천카페에 앉아 차 한 잔의 여유를 즐기며 노을로 붉게 물든 개선문의 웅장한 모습을 마냥 바라보고 있어도 누구 하나 시선 한 번 주지 않고 무심코 그녀를 지나쳤다. 서울에서는 먹을 꿈도 꾸지 못했던 바닐라 아이스크림을 맛있게 음미하며 몽마르트르 언덕을 오르기도 했고 명품들과 눈부신 조명이 즐비한 밤거리를 무작정 거닐며 마음껏 자유와 낭만에 취하는 시간도 가질 수 있었다.

그런데 세상 사람들 대부분이 당연한 것으로 누리고 있는 이 자유와 행복은 그녀에게 단지 너무나 짧은 시간 동안만 허락된 것이었고 1974년 8월 15일 그날이 오자 여지없이, 사정없이, 그리고 순식간에 ㄱ 끝이 다가오고 말았다.

"따르릉." 대사관에서 걸려온 전화였다.

어머니에게 일이 생겼으니 당장 공항으로 가서 서울행 비행기에 탑승하라는 것이었다. 먹먹해지던 가슴이 뻥 뚫린 것처럼, 그렇게 비어 버린 구멍 사이로 갑자기 불길한 기운이 태풍처럼 몰아쳤다. 머릿속에는 짧았던 지난 방학 동안 잠시 귀국했다가 다시 떠나오던 날, 그녀 모습이 사라질 때까지 하염없이 손을 흔들어 보였던 어머니의 모습이 떠올랐다. 일이라니 도대체 무슨 일일까….

비행기에 탑승하고 벨트를 맨 후 서둘러 신문부터 펼쳐 보았다. 탑승구 입구에 놓여 있던 신문을 무의식적으로 집어 들었는데 전면에 실린 사진이 이상하게 낯익다는 생각이 설핏 들었기 때문이었다. 그러나 몰려든 승객들에 떠밀려 자리를 찾아 앉느라 미처 확인해 볼 여유가 없었다.

신문을 펼쳐 든 그녀의 두 손이 이내 격렬하게 떨리기 시작했다. 1면을 톱으로 장식한 사진의 모습은 다름 아닌 그녀의 어머니였고 옆에는 대통령인 아버지의 사진도 함께 실려 있었다. 8.15 경축식이 진행되고 있었던 장충체육관에서 재일교포 문세광이 대통령을 향해 발사한 흉탄이 어머니를 향해 날아갔고, 그 순간 어머니는 허리를 꼿꼿이 편 자세로 앉아 있다가 갑자기 고개를 떨구며 그대로 쓰러졌다는 것이었다.

아니, 이 무슨 마른하늘에 날벼락 같은 소리인가. 그러나 마른하늘에 날벼락이 눈앞의 현실이 되어 그녀를 엄습해 오고 있었다. 오랜 비행시간 내내 그녀는 '아니야! 그럴 리 없어!'라고 가슴속으로 절규하며 처절하게 고개를 저었다. 두 눈에서는 하염없이 눈물이 흘러 결국에는 몸속의 수분이 다 메말라 버리고 마지막 남은 진액마저 눈물이 되어 두 뺨 위를 흐르고 있었다. 껍데기만 남은 텅 빈 가슴을 부여안고 김포공항에 도착하자 그녀를 기다리고 있던 아버지의 모습이 나타났다. 세상에 태어나서 처음 보는 아버지의 모습이었다. 주머니에 손을 넣고 고개를 푹 숙인 채 헛발질로 주변을 맴돌던 외롭고 쓸쓸한 촌부와 같은 모습이었다.

어머니는 '양지회' 등 봉사활동을 위해 마련된 청와대 접견실에 싸늘한 주검이 되어 누워 계셨다. 핏기를 잃어 하얗게 변해 버린 얼굴이 낯설게 느껴졌지만 온화하고 다정하면서도 무언가 기품이 느껴지던 서늘한 눈매의 모습은 그대로였다.

　두려움에 떨면서 한 발, 두 발 다가가 어머니의 손을 잡아 보았다. 그녀의 손에 주검의 차가운 기운이 전해지면서 심장이 얼어붙어 버리는 전율이 온몸을 감싸 버렸다. 그토록 절규하며 부정했던 모든 것이 현실이 되어 눈앞에 나타난 것이다.
　'아! 이제 정말로 어머니는 이 세상 어느 곳에도 없는 것일까. 다른 곳으로 가 버린 것일까. 어머니! 어머니!'

　하얀 국화꽃으로 덮인 운구차가 청와대 정문을 나서다가 잠시 멈추어 섰다. 아버지가 마지막 배웅을 위해 잠들어 있는 어머니의 관을 애처롭게 쓰다듬고 또 쓰다듬고 있었다. 아버지는 고개를 떨구고 있었지만, 어깨가 가늘게 오랫동안 흔들리고 있었다. 어머니를 실은 운구차가 다시 움직이며 영결식장으로 향하는 내내 아버지는 그 자리에 마냥 서 있었다. 사랑하는 아내를 자신보다 먼저 떠나보내야 하는 초라하고 애잔한 남편의 쓸쓸한 모습이었다.

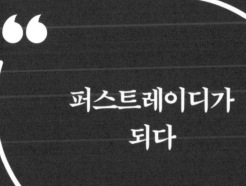

퍼스트레이디가
되다

피할 수 없는 것이 숙명이었던가. 마치 뒤에서 날아오는 돌처럼. 어머니가 떠나 버린 아버지의 텅 빈 옆자리를 대신해야 하는 삶이 그녀에게 마치 숙명처럼 시작되었다.

아버지는 자신을 향했던 총알이 어머니를 관통하여 순식간에 맥없이 쓰러지는 모습을 바로 옆에서 지켜보아야 했다. 오직 나라를 위해 목숨을 걸고 혁명을 이루어 냈고 결국 대통령이 되었는데 그런 당신 앞에는 이런 참혹한 순간이 기다리고 있었다. 아버지는 그 총알을 당신의 가슴으로 받았어야 했다고 울부짖곤 했다. 그리고 입버릇처럼 중얼거렸다.

"임자! 당신 키가 조금만 작았더라면 총알이 비켜 갈 수도 있었는데."

어머니의 키가 아버지 당신보다 훨씬 컸기 때문이었다.

그녀는 늘 다부지고 당당했던 아버지가 한순간에 힘없이 무너지고 있는 모습을 바라보면서 어머니를 대신하여 아버지를 일으켜 세워야 한다고 입술을 깨물었다. 또 그렇게 하는 것이 자신의 슬픔을 극복할 수 있는 유일한 길이기도 했다.

우선 어머니의 부재로 갑자기 중단되어 버린 '양지회'의 봉사활동을 재개하는 일부터 시작하였다. '양지회'는 상대적으로 음지에 있는 어려운 사람들을 지원하고 봉사하면서 따뜻한 햇볕을 주자는 취지로 어머니가 주도하여 발족한 모임이었다. 처음에는 주로 불우한 여성과 어려운 환경에 처한 이들을 위한 지원과 봉사활동을 위주로 하였다. 십 년 가까이 활동이 계속되는 동안 불우 여성 갱생을 위한 여성회관 건립, 농어촌 문화 활동 지원 사업, 월남파병 장병들을 위한 위문 사업 등으로 사업의 규모가 확대되고 있었다. 그녀는 정부 조직이 수행할 수 있는 사업 분야는 과감히 정리하여 이양하고, 본래의 설립 목적대로 음지에 있는 어려운 이들을 위한 자선 구호 사업에 역량을 집중하는 노력을 지속하였다.

'제2의 청와대' 또는 '청와대 내의 야당'이라고 불리면서 어머니가 수행해 온 각종 민원의 해결을 위한 업무도 만만치 않았다. 더구나 이해관계가 복잡하게 얽혀 있어서 어느 한 편을 위해 쉽게 결정을 내릴 수가 없는 경우가 대부분이었고 지원하고 싶어도 자금을 마련하지 못하는 경우도 허다했다. 너무나 간절한 사연을 접하면 어떻게든 해결책을 찾아보려고 고민하다가 밤을 새우기도 했는데 아침이 되면 어김없이 다시 수많은 민원이 몰려오고 있었다.

어머니 없이 아버지 혼자서 참석하는 각종 모임과 의전행사에 동행하여 퍼스트레이디 역할을 하는 것도 그녀에게는 결코 쉬운 일이 아니었다. 자신을 향한 눈빛에 비추어지기를 바라는 것은 그녀의 모습이 아닌 어머니의 모습이기 때문이었다. 사람들은 모두 올린 머리에 단정한 한복 차림의 단아했던 어머니의 모습을 지우지 못하고 있는 것 같았다. 행사를 마치고 다시 청와대로 향할 때면 차가워진 어머니를 태운 운구차가 광화문을 지나서 국립묘지로 향하는 동안 통곡하며 몰려들었던 삼십만에 이르는 애도의 물결이 떠올랐다.

불행한 사고로 갑자기 부모를 잃은 판자촌의 어린아이가 굶어 죽게 해서는 안 된다며 아무도 모르게 새벽같이 길을 나서던 어머니, 한센병 마을을 방문하여 덥석 한센병 환자의 손을 움켜쥐고 아픔을 나누던 어머니였다. 이것이 그저 정치 쇼에 불과했다면 한두 군데 방문으로 이미 끝났을 것이다. 그러나 그녀는 전국 87개의 한센병 환자촌을 전부 돌아다니며 버림받고 차가워진 그들의 손을 따뜻한 온기로 감싸 주었다. 그래서인지 사람들은 그런 어머니를 국모라고 부르기도 하였다.

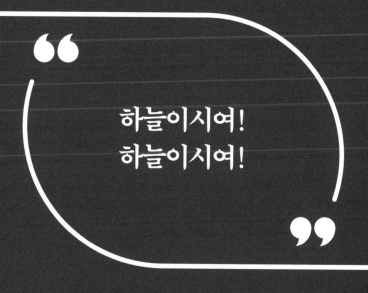

아버지는 아침 일찍 삽교 방조제 준공식에 참석하기 위해 당진으로 떠났다. 모처럼 그녀에게 주어진 혼자만의 시간이었다. 창문 너머로 보이는 무성한 단풍나무의 잎사귀들은 어느새 녹색 빛을 잃어버리고 조금씩 붉게 물들며 온몸으로 가을을 알리고 있었다. 어머니가 떠난 후 벌써 다섯 번째 맞이하는 계절의 변화였다. 세월의 무상함이 이런 것일까. 어머니가 남기고 간 빈자리가 상상할 수 없이 크게만 느껴졌기에 영원히 허전한 가슴을 부여잡고 살게 될 줄 알았는데 어느덧 일상의 분주한 삶들이 그 자리를 조금씩 채워 가고 있었다.

지금쯤 방조제 개통 테이프를 자를 시간이라는 생각이 들어 TV를 켜 보았다. TV 속 아버지는 축사를 읽고 계셨다. 3년여에 걸친 험난한 공사 끝에 마침내 완성된 방조제로 인해 바닷물이 역류하던 광활한 간석지가 24,700정보의 농토로 바뀌고 서울과 당진 간의 거리를 40km 단축하여 지역 경제발전에 크게 이바지하게 될 것이라는 내용이었다. 아버지는 산업시설이나 농업시설 준공식에 참여할 때 가장 보람을 느낀다고 하셨다. 그런데 이날은 차가운 바닷바람을 마주해서인지 평소보다 얼굴이 창백하게 보였고 박수를 받으며 퇴장하는 발걸음이 왠지 모르게 중심을 잃은 듯했다.

　매해 8월이 오면 아버지의 얼굴에는 어둠이 드리우면서 우두커니 혼자 북악산을 바라보곤 하였다. 그러다가 그녀가 다가가면 아무것도 아니라는 듯 털고 일어나며 활짝 웃어 보이곤 했는데 이번에는 유독 어두운 모습이 오래 계속되고 있었다. 그녀는 부산과 마산지역에서 발생한 부마사태 때문이라고 생각했다. 부산과 마산지역 일대에서 유신 정권의 타도를 외치며 학생들과 시민들이 방송국을 점령하고 세무서를 파괴하는 시위가 발생하여 치안이 극도로 불안해지자 아버지는 어쩔 수 없이 계엄령을 선포하고 군대를 동원하여 사태를 겨우 진정시키고 있었다.

　오후 3시 무렵 요란한 헬리콥터 소리가 들렸다. 준공식을 마치고 아버지가 돌아오신 것 같았다. 지방 출장 후면 피로를 풀 겸 식구들과 담소하며 여유로운 시간을 보내시곤 했는데 그날은 부마사태 수습책을 논의하기 위함인지 저녁 시간까지 모습을 볼 수가 없었다.

　사방에 짙은 어둠이 깔리기 시작할 무렵 궁정동 방향에서 몇 차례의 총소리 같은 것이 들렸다. 시간이 지나자 다시 이어지는 총소리. 그것은 청천벽력과 같은 사건이 벌어지고 있음을 알리는 소리였다. 처음 들려온 소리는 대통령과 비서실장을 향하여 중앙정보부장 김재규가 발사한 총소리였으며 이어진 소리는 그가 다시 경호원들을 사살한 후, 두 사람을 근거리에서 확인 사살한 총소리였다.

모두가 잠든 새벽 1시 30분 무렵, 단 한 번도 상상해 보지 못한 충격적인 비보를 접한 그녀는 그 자리에서 그만 화석이 되어 버렸다. 순간 수천 볼트의 전류가 그녀의 뇌리를 강타했고 이어서 몸속을 순환하던 모든 혈류가 정지되어 버린 듯 눈물을 흘릴 힘조차 없이 망연자실 허공만 바라보았다. 새까만 어둠의 장막이 그녀의 눈앞에 펼쳐지고 있었다. 모든 것을 잃어버린 지금 과연 나는 어디에 있는가. 그리고 어디로 가야 하는가. 그녀는 한 발자국도 움직일 수 없는 어둠 속에서 하늘을 향해 울부짖기 시작했다.

　하늘이시여! 하늘이시여! 어찌하여 저에게 이런 형벌을 주시나이까. 어머니를 흉탄으로 거두어 가신 것이 바로 엊그제 같은데 이제 다시 그 무서운 흉탄으로 아버지마저 거두어 가시다니. 당신의 뜻이 정녕 그러하시다면 차라리 저마저 총탄으로 거두어 주소서!

　아침 7시 20분 정부 대변인 김성진 문화공보부 장관이 눈물을 흘리며 아버지의 서거 소식을 공식 발표했고, 이어서 방송국의 8시 시보와 동시에 "박정희 대통령이 중앙정보부장 김재규가 쏜 총탄에 맞아 향년 62세를 일기로 서거했습니다."라는 앵커의 떨리는 목소리가 방방곡곡으로 메아리치며 전 국민을 경악하게 만들었다.

　영결식이 진행되는 동안 소복을 입은 그녀는 입술을 굳게 다물고 허리를 꼿꼿이 편 채 의연한 모습을 보여 주었다. 그러나 최규하 대통령 권한 대행이 "대통령 각하! 이 무슨 청천에 벽력입니까? 졸지에 이 무슨 변입니까? 이처럼 영전에 엎드려 삼가 영결의 말씀을 드리게 될 줄 어느 누가 상상조차 하였겠습니까?"라는 조사를 읽어 내려가자 복받치는 슬픔을 이기지 못하고 연신 소매로 흐르는 눈물을 닦아 내렸다.

불교, 천주교, 기독교 순으로 진행된 장례 의식이 끝나고 고인의 육성을 듣는 시간이 되자 장내에는 잠시 무거운 침묵이 흘렀다. 이윽고 스피커 너머로 아버지의 카랑카랑한 목소리가 들려왔다. 여기저기서 참았던 흐느낌이 터져 나왔고 그렇게 모인 거대한 슬픔은 강물이 되어 영결식장을 뒤덮어 버렸다.

아버지는 공산주의에 맞서기 위해서는 힘의 균형이 필요하며 자기 나라는 자기의 힘으로 지킬 수 있도록 능력을 갖추어야 하므로 일치단결하여 경제를 발전시켜서 민주주의를 지켜 내자고 소리 높여 외치고 있었다. 그렇다. 아버지의 국정 목표는 오로지 경제발전이었다. 국가재건최고회의 의장으로 취임했던 당시 한국의 1인당 국민소득은 72$로 세계 120개 나라 중에서 119위였으며 북한도 우리보다 앞선 86$을 기록하고 있었다. 경제발전을 위해 미국에 차관을 요청했지만 이내 거절당했다. 다행히 독일이 우리나라가 자기들처럼 분단국가라는 점을 고려하여 3,000만$의 차관을 제공하기로 약속했다. 하지만 차관의 필수 조건인 외국은행의 지급보증을 받지 못해 난관에 봉착하게 되었다. 그러나 아버지는 물러서지 않았다. 광부 5,000명과 간호조무사 2,000명을 보내기로 하고 이들에게 지급하게 될 인건비를 담보로 제공하는 대안을 제안했고 독일 정부가 이를 수락하여 가까스로 차관을 성공시킬 수 있었다. 그렇게 마련된 자금은 비료공장 건설 등에 투자되어 이후 우리나라 중화학 공업의 비약적 발전을 이루어 냈다.

그 때문이었을까. 아버지는 대통령이 되자마자 서독 지하 1,000m 광도에서 일하는 광부들과 타국에서 시체를 닦고 중환자들을 목욕시키는 일을 하고 있었던 간호사들에게 달려갔다. 그들이 흘리는 땀과 눈물이 조국의 경제발전을 위한 초석이 되고 있다는 연설 중에 그만 목이 메어 말을 잇지 못했다. 그러자 연설을 듣고 있던 사람들의 눈에서는 복받치는 눈물이 쏟아져 나왔고 아버지와 어머니도 흐르는 눈물을 감추지 못한 채 모두가 통한의 눈물 속에 애국가를 부르는 모습이 연출되고 말았다.

수출도 당시 연간 3,800만$에 불과하였다. 그러나 아버지는 하면 된다고 외치며 가발과 속눈썹, 뜨개질로 만든 스웨터를 세계 각국에 수출하도록 지원했고, 이를 통해 비약적으로 수출액이 증가하였다. 이후 수출 주력 제품이 전자제품, 자동차, 선박, 중화학 제품으로 바뀌게 되면서 재임 마지막 해에는 대한민국을 연간 수출액 무려 150억$에 이르는 경제 대국으로 성장시켜 놓았다.

아버지는 매년 봄이 되면 보릿고개를 넘으며 주린 배를 움켜쥐어야 했던 농어촌의 발전을 위해서 '새마을운동'을 전개했다. '잘살아 보세!'를 외치며 시작된 이 운동은 전국적으로 뻗어나가 농어촌의 눈부신 발전을 가져왔고, 전 세계에 모범 사례로 알려지면서 각국에서 이 운동을 도입하고자 수많은 관료가 앞다투어 우리나라를 방문하기도 했다. 이는 대통령이 선두에서 적극저으로 주도했기에 가능했던 결과였다. 마을회관의 확성기를 통해 활기찬 아침을 알렸던 '새마을 노래'도 아버지가 직접 작사, 작곡하여 만들었다. 사범학교 시절 아이들을 가르치면서 쌓은 음악에 대한 소양 덕분이었다.

새벽종이 울렸네
새 아침이 밝았네
너도나도 일어나
새마을을 가꾸세
살기 좋은 새마을
우리 힘으로 가꾸세

그렇다. '하면 된다'는 그의 강한 신념은 재임 18년 동안 경제 성장률 연평균 9%, 국민총생산 27배, 1인당 국민소득 19배, 수출 총규모 275배 증가라는 신화적인 한강의 기적을 이루어 냈다. 아버지는 말했다. 먼 훗날 우리의 후손들이 오늘을 사는 우리에게 무엇을 위해 살았냐고 묻는다면 우리는 민족중흥의 신앙을 굳게 믿고 일하고 또 일했노라고 떳떳하게 답하자고.

운구 행렬이 지나는 광화문 연변에는 200만에 이르는 애도 인파가 넘쳤다고 그날의 '대한늬우스'가 전하고 있었다. 삼선 개헌과 유신통치로 인해 비난을 받기도 했지만, 경제발전과 민족중흥을 위해 일하고 또 일했던 그를 마지막으로 떠나보내기 위해 몰려든 인파였다. 하얀 국화꽃으로 물든 운구차의 커다란 유리창 사이로 태극기에 덮인 대통령의 모습을 바라보며 더러는 가슴을 치고 울었고 땅을 치며 통곡하는 모습을 보이기도 했다. 그렇게 아버지는 삼군 사관생도의 호위를 받으며 시청 앞, 서울역까지 이어지는 애도의 물결을 지나 역사 속으로 영원히 사라지고 있었다.

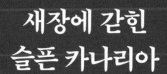

새장에 갇힌
슬픈 카나리아

청와대 직원들은 한 줄로 서서 떠나는 그녀를 배웅했다. 검정색 상복 차림의 그녀는 애써 태연한 표정을 지어 보이며 그들에게 가볍게 목례한 후 마지막으로 아버지의 관용차에 올랐다. 차는 신당동으로 향했다.

장충체육관 부근에 있는 신당동 주택은 셋방살이를 전전했던 당시의 박정희 소장이 처음으로 마련한 35평 정도의 일식 가옥이었고, 어린 동생들과 살을 맞대며 보낸 추억이 가득한 곳이었다. 대문을 열고 들어선 그녀는 선뜻 마루에 오르지 못하고 우두커니 멈추어 서고 말았다. 아버지의 비보를 접했던 바로 그 순간 눈앞에 펼쳐졌던 어둠의 장막이 다시 그녀를 막아선 것이었다.

11살 어린 소녀 시절에 이곳을 떠나 어느덧 28살의 성숙한 여인이 되어 돌아왔건만 반겨 주는 이 하나 없는 텅 비어 버린 곳으로 돌아온 것이었다. 이제, 이곳에서 꿈도 희망도 모두 잃어버린 채 슬픔을 짓눌러 가며 칠흑 같은 어둠과 싸워야 하는 생활이 시작된 것이다.

그날 밤부터 악몽이 시작되었다. 짐도 풀지 못하고 망연자실 벽만 바나보나가 탈진하여 설핏 잠이 들었는데 누군가가 그녀를 부르는 소리가 들려왔다. 청와대 부모님 침실에서 들려오는 소리 같았다. 그녀는 조심스레 문을 열고 들어섰다. 어머니가 돌아앉은 자세로 주섬주섬 옷장을 정리하고 계셨다. 인기척을 느꼈을 텐데도 돌아보지 않고 한참 동안 하던 일을 계속했다. 그녀는 섬뜩한 느낌이 들어 말문을 잃고 그 자리에 선 채로 얼어 버렸다. 이윽고 어머니가 돌아서서 그녀에게 다가왔다. 두 손에 하얀 보자기를 들고 계셨다. 어머니는 아무 말도 하지 않고 그 보자기를 내밀었다. 그녀가 떨리는 손으로 보자기를 받자 어머니는 그대로 돌아서서 몇 걸음 옮기더니 이내 홀연히 사라지고 말았다. 그녀는 정신을 차려 손에 쥐어진 보자기를 펴 보았다. 8.15 경축식 바로 그날 장충체육관에서 어머니가 입었던 고운 한복이었다. 그러나 그 한복은 어머니가 흉탄에 맞아 흘린 선혈로 붉게 물들어 있었다.

다음 날도 악몽은 계속되었다. 누군가가 흔들어 깨우는 것 같아서 눈을 뜨니 뜻밖에 아버지가 옆에 서 있었다. 황급히 갈 데가 있으니 서두르라고 하셨다. 신당동 어린 시절에 보았던 훈련복 차림이었고 모자에는 별 두 개가 그려져 있었다. 아버지는 서둘러야 한다고 하더니 곧 앞장서서 달리기 시작했다. 그 속도가 너무 빨라서 숨이 턱턱 막혔다. 그러나 아버지는 뒤도 돌아보지 않고 청와대 경내를 벗어나 통인동 방향으로 향하더니 국군수도병원 앞에 멈추어 섰다. 그리고 숨을 헐떡이며 쫓아 온 그녀에게 어서 안으로 들어오라고 손짓했다.

입구에 들어서자 홀로 외로이 병원 건물을 지키던 경비병이 "받들어,

총!" 하며 그녀를 맞이했다. 이른 새벽이라 병원은 텅 비어 있는 것과 같이 정적이 가득했다. 그런데 갑자기 아버지 모습이 보이지 않았다. 머뭇거리며 서 있는 그녀를 향해 경비병이 별관을 향하라는 듯 손짓을 보내왔다. 서둘러 별관에 들어섰지만 역시 아무도 없었다. 숨이 막힐 듯 이어지는 정적 속에 소독 냄새가 진동하는 긴 복도를 따라가고 있었다. 이윽고 문이 열린 방이 하나 눈에 들어왔다. 서서히 안으로 들어섰다. 텅 빈 방에 병실 침대 하나만 덩그러니 놓여 있었다. 침대 위에는 누군가 하얀 천으로 몸을 덮고 누워 있었다. 가까이 다가서다 말고 그녀는 소스라치게 놀라며 뒤로 물러나고 말았다. 얼굴에까지 하얀 천이 덮여 있었기 때문이었다. 어디에선가 어서 이곳에서 벗어나라는 소리가 들렸다. 그러나 무언가 알 수 없는 강한 힘이 엄습해 오면서 그녀는 한 발자국도 움직일 수가 없었다. 공포와 두려움에 바들바들 몸이 떨렸지만, 입술을 굳게 다물고 하얀 천을 조심스레 걷어 보았다. 오른쪽 전체가 총상으로 깊게 함몰되어 버린 처참한 모습의 얼굴이 드러났다. 다름 아닌 아버지의 마지막 모습이었다.

악몽은 매일같이 반복되고 있었다. 이번에는 남동생 지만이었다. 그는 9일 동안의 아버지 장례식이 끝나자 슬픔을 추스를 겨를도 없이 서둘러 다니던 육군사관학교로 복귀해 버렸다. 낙오되면 졸업하지 못한다는 유격 훈련에 참여해야 하기 때문이었다. 이는 육군사관학교 총 4년의 교육과정에서 가장 힘들고 어려운 훈련이었는데 교육하는 조교들이 모두가 혹독하기로 악명이 높다고 하였다. 그녀는 몸과 마음이 극도로 피폐한 상태에 놓여 있는 지만이 3주 동안 실시된다는 그 험난한 훈련을 잘

이겨 낼 수 있을지 매일같이 걱정 속에 하루를 보내고 있었다.

거대한 수송기의 굉음이 들려오면서 지만이 나타났다. 고공낙하 훈련 중이었다. 1만 피트의 상공에서 수직 낙하하여 4천 피트에 이르면 낙하 산을 펴고 착지에 하강하는 훈련인데, 낙하하는 과정에서 정신을 놓아 버리거나 돌풍을 만나게 되면 바로 사망사고로 이어지는 아찔한 훈련이 었다. 수송기의 문이 열리고 겁에 질린 모습으로 서 있던 지만이 뛰어내 렸다. 시속 250km의 속도로 수직 낙하하는 그의 아래에서는 먼저 뛰어 내린 동기들의 낙하산이 꽃구름처럼 펼쳐지면서 여유롭게 떠다니고 있 었다. 그런데 지만이 4천 피트의 상공에 도달하여 낙하산을 펼치는 순간 갑자기 먹구름이 몰려오면서 세찬 돌풍이 불어오는 것이 아닌가. 돌풍 은 순식간에 그를 덮쳐 버렸다. 낙하산 줄은 서로 엉켜 버린 듯 기우뚱하 더니 그는 거꾸로 매달린 모습이 되어 엉뚱한 방향으로 순식간에 날아 가 버렸다. 찢어질 듯한 외마디 비명과 함께 그녀가 악몽에서 깨어났다. 온몸이 밤새 흘린 식은땀으로 축축하게 젖어 있었다.

신군부 세력은 아버지 박정희의 유신통치를 종결시키는 것과 사회의 각종 비리와 부패 척결을 내세우면서 새 정부 등장의 당위성을 역설하 였다. 공직사회에서는 부처별 강제로 할당된 숫자를 채우기 위한 무서 운 숙청의 칼바람이 불었고 많은 사람이 영문도 모른 채 경찰서나 보안 사 사무실로 끌려가 조사를 받은 후 교화 교육을 위하여 청송보호소로 보내지고 있었다.

신당동 그녀의 집 부근에도 정체를 알 수 없는 사람들이 매일같이 서성이면서 무언가 동태를 살피고 있는 것 같았다. 그러나 그녀의 집은 마치 도심 속의 절간처럼 인기척이 없었고 굳게 닫힌 문 사이로 이따금 누군가가 배달된 우유나 신문을 거두어들이는 모습만 보여 주고 있었다. 그녀의 근황을 걱정하며 찾아온 사람도 주위를 서성이고 있는 사람들에게 모습을 노출해야만 하는 부담스러운 분위기에 놀라 발길을 돌려야 하는 상황이었다. 보이지 않는 누군가가 그녀를 새장 안에 가두어 버린 것이었다. 어느새 그녀는 한 마리의 카나리아가 되어 있었다. 종일 새장 안을 맴돌며 자신에게 주어진 비운을 슬픈 목소리로 노래하고 또 노래해야 하는….

　인고의 나날들로 채워지는 일상이었지만 세월은 무심하게 흐르고 또 흘러갔다. 광주사태를 무사히 수습한 신군부 세력의 전두환이 대통령에 취임하였고 그녀의 집 부근을 서성이고 있었던 낯선 사람들도 거짓말처럼 모두 물러갔다. 칩거로 일관했던 그녀도 이제는 조금씩 외부 활동을 하면서 새로운 모습을 보여 주기 시작했다. 집 안 곳곳에 방치된 채 손조차 대지 못했던 아버지와 어머니의 유품을 정리하기 위해 더 넓은 곳인 성북동으로 거처를 옮겼다. 어쩌면 아픈 과거를 정리하고 새로운 삶을 살아 보자는 결의의 표시이기도 했다. 그녀는 어린이회관 운영과 아동도서 출판 등의 사업을 위해 설립된 육영재단 이사장에 올랐고 육영수 여사의 자선 구호 활동을 이어 가기 위한 근화봉사단을 이끌어 가면서 어머니와 아버지를 기리기 위해 월간신문인 『근화보』를 발간하기도 했다.

그러나 박정희 시대를 폄훼하며 신군부 정권의 정통성을 내세우던 그들은 부모님의 유업을 기리는 그녀의 활동을 집요하게 차단하려는 노력을 계속하였다. 신정권에 줄을 대고자 하는 사람들을 이용하여 그녀를 향한 공격의 선봉에 서게 하였다. 그 결과, 그녀와 관련된 각종 유언비어가 넘쳐나기 시작했고 내용 중 일부는 차마 입에 담지 못할 정도의 참혹한 것도 있었다.

아버지에 대한 왜곡된 평가를 바로잡아 보려고 몸부림치는 그녀에게 힘을 더해 주는 사람은 이제 어디에도 없었다. 아버지와 뜻을 같이하며 오랜 세월 동안 변함없이 곁에 있었던 사람들조차 모두 모습을 감추어 버렸다. 한 시대가 마감되고 새로운 시대가 시작되었는데 굳이 남아서 머뭇거릴 필요가 없어진 것이다. 공식적으로 열리지 못하고 쓸쓸하게 가족들만 참석하고 있는 아버지의 추도식에서도 그들의 모습은 찾을 수가 없었다.

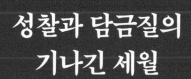

성찰과 담금질의
기나긴 세월

돌이켜보면 청와대에서 보낸 18년이란 세월은 겉으로는 화려한 조명을 받고 있었지만 결국은 정해진 각본에 의해 말하고 움직여야 하는 무대 위의 배우와 같은 삶이었다. 주인공은 '박정희 대통령의 사랑스러운 영애'였으며 그녀의 일거수일투족을 국민이 관객이 되어 지켜보고 있던 것이다. 그러나 아버지의 비극적인 죽음과 동시에 연극은 막을 내렸고 숨죽여 무대를 바라보던 관객들도 모두 떠나가면서 그녀는 텅 빈 광장에 외롭고 쓸쓸한 모습으로 홀로 남게 되었다. 아버지의 처참한 죽음으로 인해 숨 쉬는 것조차 힘들었고, 차라리 모든 것을 놓아 버리고 싶은 만큼 하루하루를 가까스로 인고하고 있었다.

그런 그녀를 더욱 힘들게 만든 것은 영애이던 시절, 그녀에게 열광하고 환호하면서 가까워지기 위해 온갖 추태를 서슴지 않았던 이들이 갑자기 돌변하여 얼음장 같은 모습으로 그녀를 외면하더니, 신군부 정권과 합세하여 그녀를 독재자의 딸이라고 비난하기 시작한 것이었다. 심지어 엘리베이터 안에서 아버지의 재임 시절 장관을 지낸 분을 마주치고 반가운 마음으로 환한 웃음을 보냈지만 마치 모르는 사람을 대하듯 외면하면서 서둘러 엘리베이터에서 내려 버리는 뒷모습을 우두커니 바라보아야 하는 쓸쓸한 경험도 있었다. 세상에 태어난 이후 처음으로 경험하는 배신의 아픔이었다.

그날의 아픈 경험으로 인해 그녀는 권력이라는 것의 마지막 모습을 보게 되었다. 그리고 자신에게 굳게 맹세했다. 잃어버린 것들에 대하여 더는 아파하지 말자고, 이제부터는 대통령의 딸이 아닌 평범한 박근혜의 길을 가자고.

이후, 주위 사람들이 은둔의 세월이라고 불렀던 기나긴 세월이 시작되었다. 그러나 그것은 은둔이 아니었다. 끊임없는 자기성찰과 담금질을 통하여 철의 여인 박근혜로 다시 태어나기 위한 처절한 몸부림의 시간이었다. 그녀는 우선 극도로 쇠약해진 심신을 단련하기 위하여 요가에 매진하기 시작했다. 단전호흡을 통해 내면의 수양을 쌓아 가는 훈련도 병행하였다. 요가는 몸을 이완시켜 호흡을 원활하게 해 주었지만, 단전호흡은 호흡법을 익히기가 매우 힘들었다. 껍데기만 남은 것처럼 심신이 지쳐 있었기 때문에 두 손으로 발을 잡고 들숨과 날숨을 조절하는 것은 너무 힘든 운동이었다. 단전에서 열이 나고 입에 침이 돌면서 혀가 입천장에 달라붙는 것이 숨이 턱턱 막힐 지경이었다. 그러나 그녀는 포기하지 않았다. '하면 된다'는 아버지의 가르침이 뼛속까지 깊이 녹아 있었기 때문이다.

시간이 지나면서 그녀의 몸에서 생기가 돌기 시작했고 하얗게 핏기를 잃어 가던 얼굴에 화색이 드러나기 시작했다. 몸이 어느 정도 회복되면서 그녀의 서재는 다양한 분야의 책들로 가득 메워지기 시작했다. 그녀는 평소에 읽고 싶은 책이 생기면 마음이 바빠지고 그 책을 손에 쥐게 되면 마음이 설렌다고 할 만큼 독서광이었다. 새로운 삶을 위한 나침반으로 삼기 위해 먼저 선택한 책들은 동양 철학에 관한 책들이었는데 특히 펑유란의『중국 철학사』에 심취되어 읽고 또다시 읽어 내려갔다. 저자의 지적 갈구와 시대적인 사명감이 담겨 있는 역작으로 역대 중국 철학자들의 세세한 사상들을 체계적으로 정리한 방대한 분량의 책이었다. 그녀는 오랫동안 중국어 공부를 계속하고 있었기 때문에 더더욱 책의 내용에 깊이 심취할 수가 있었다.

앞으로 걸어가야 할 새로운 삶에 대한 의미를 찾기 위해 긴 밤을 지새우는 날들이 계속되면서 그녀의 서재에는 동양 철학뿐만 아니라 서양 철학 서적들도 넘쳐나기 시작했다. 동서양의 철학에 대한 이해가 어느 정도 끝나자 관심은 다시 종교로 이동되었다. 그녀는 천주교 신자로서 '율리아'라는 세례명을 가지고 있었다. 이탈리아의 부유한 집안에서 태어났지만, 어머니와 사별 후 평생을 기도와 금욕 속에서 약자를 위한 삶으로 일관했던 성녀 율리아를 본받아 살아가라고 어머니가 정해 준 세례명이었다. 그러나 그동안의 걸어온 세월을 뒤돌아보니 신앙인으로서는 너무 부끄러운 삶을 살고 있었다. 이에 그녀는 속죄하는 의미에서 성경을 필사해 보기로 결심했다. 창세기에서 시작해 역대기에 이르는 구약 전부를 필사하였고 이어서 마태복음에서 시작하여 묵시록에 이르는 신약의 필사를 마치는 동안에 몇 번의 겨울이 지나가 버렸다. 이 과정에서 문득 밤늦도록 서도에 매달리던 어머니의 모습을 떠올리기도 했다.

때로는 이른 새벽까지 서도에 매달리던 어머니의 모습이 속세의 온갖 번뇌와 고뇌를 달래는 모습으로 보였었다. 그런데 그녀가 바로 그런 모습이라는 생각도 하여 보았다. 필사를 통해 성경에 대한 깊은 깨달음을 얻게 된 그녀는 장신대 기독교육 신학대학원에 입학하여 기독교 교리를 보다 깊이 있게 연구하는 생활을 하기도 했다.

그렇게 혼자만의 길을 걸어가고 있었던 그녀에게도 문득 밀려오는 고독과 외로움이 있었다. 육영재단의 운영과 관련하여 타인도 아닌 동생 근령과의 갈등과 잡음이 커지면서 결국 운영권을 동생에게 넘겨 버린 이후로는 세상의 모든 것들에 대한 의욕이 사라지면서 가슴이 텅 비어 버렸고 어디론가 떠나 버리고 싶은 심정을 달래기 위해 여기저기 전국의 사찰을 떠돌기도 하였다. 나지막한 산자락을 배경으로 호젓하게 자리 잡은 산사에 들어서면 속세를 떠나 번뇌를 달래는 목탁 소리가 청아하게 울렸고 그곳에 있는 티 없이 맑은 모습의 사람들은 마치 먼 길을 떠난 후 오랜 세월이 지나서 돌아온 벗을 맞이하듯 따뜻한 가슴을 열어 주곤 했다. 그녀는 그들과의 선문선답을 통해 평온한 마음을 찾을 수가 있었고 혼자만의 시간이 되면 금강석처럼 강인하게 세상의 모든 인연을 끊을 수 있다는 『금강경』을 비롯하여 『니까야』, 『대승경전』의 여러 불경을 읽으며 해탈과 깨달음의 의미를 배워 갔다. 또한, 권력과 부를 향한 인간의 욕망이 헛되고 헛된 것이라는 가르침을 절실하게 깨닫게 되었고 자신에게 마음을 닫아 버린 사람들에 대한 배신의 아픔에서도 서서히 벗어날 수가 있었다. 닫아 버렸던 마음의 문을 조금씩 열고 그들에게 다가서는 방법으로 저술 활동을 시작하게 되었다.

처음으로 출간한 책은 그녀의 일상과 상념을 이야기한 『평범한 가정에서 태어났더라면』이었고, 이어서 『결국 한 줌, 결국 한 점』이라는 수필집을 펴냈다. 1993년부터 3년간의 일기를 책으로 정리하여 발간하기도 했는데, 이러한 활동으로 그녀는 한국수필 신인문학상을 수상하고 한국수필가협회와 한국문인협회의 회원으로 등록되어 집필 활동을 이어 나갈 수가 있었다.

이렇게 그녀가 자신과의 싸움에서 이겨 나가는 동안에 세월은 흐르고 또 흘러가면서 군사독재에 항거하는 6.10 민주화 항쟁으로 전두환, 노태우 정권이 막을 내렸고 문민정부인 김대중, 김영삼 정부가 등장하게 되었는데 어느새 그녀도 40을 넘어 버린, 올린 머리의 단정한 중년의 여인으로 변모되어 가고 있었다.

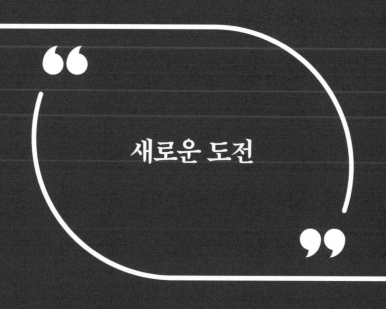

새로운 도전

비운의 대통령이었던 아버지를 실은 영구차가 광화문의 애도 인파를 뒤로하고 동작동 국립묘지로 향한 지도 어느새 20년 가까운 세월이 흘렀다.

20년이면 강산이 두 번 변하는 시간이다. 기름진 곡창 지대였던 서울 주변의 논과 밭에 아파트가 하나둘 들어서더니 어느새 수십만의 세대가 입주한 고층아파트가 즐비한 신도시가 곳곳에 형성되고 있었다. 한바탕 투기 열풍이 불었고 세상 사람들의 관심은 온통 부동산과 주식을 이용한 재테크로 향하고 있었다. 보수냐 진보냐의 치열한 정치판 싸움도 그들에게는 별다른 의미가 없었다. 사회주의의 몰락으로 이념 논쟁은 서서히 막을 내리고 있었기 때문이다. 아버지 박정희 대통령도 그녀도 이제는 사람들의 기억 속에서 아득히 멀어지고 있었다.

세상의 이목에서 벗어나 오롯이 자신만의 길을 가고 있었던 박근혜 그녀도 이제는 자연스레 미간에 잔주름이 지는 사십 대 중반의 완숙한 여인이 되어 있었다. 평범한 일상이 반복되는 나날이었고 아직도 결혼하지 않은 탓에 가끔은 외로움의 무게가 가슴을 짓누르기도 했다.

오랜 세월 농안 계속된 칩거였지만 그녀는 끊임없는 자기성찰을 통하여 나름대로 소소한 행복을 쌓아 가고 있었다. 재래시장에서도 가끔 그녀의 모습을 볼 수 있었는데 상인들 속으로 스스럼없이 다가섰고 그들 역시 활짝 웃으며 그녀를 맞이했다. 주고받는 흥정 속에서 가끔 진한 농담이 오가기도 했고 수줍은 그녀의 웃음에 시장 상인들은 박장대소하며 오랜 친구를 대하듯 그녀의 어깨를 다독이기도 했다. 일부 정치인들은 그녀를 향해 독재자의 딸이라며 비난을 서슴지 않았지만, 아직도 그녀는 육영수 여사와 박정희 대통령의 사랑스러운 영애로 사람들의 가슴속에 애잔한 모습으로 깊이 각인되어 있었다.

한나라당은 15대 대통령 선거에서 김대중의 대항마로 이회창을 내세웠다. 감사원장 재직 시절 불의와 타협하지 않고 올곧게 업무를 수행한 그의 강직성과 추진력이 사람들 사이에서 큰 호응을 얻고 있었기 때문이었다. 그러나 초반에 보이던 상승세와는 달리 시간이 흐르면서 두 아들의 병역 문제 등으로 발목이 잡히면서 열세에 몰리기 시작했다. 한나라당 수뇌부는 전세를 역전시키는 방안으로 박근혜를 입당시켜 지원요청을 하기로 하고 그녀에게 사람을 보내왔다.

하지만 아버지와 어머니를 모두 앗아 가 버린 정치판과 단절하고 오랜 세월을 세상의 이목에서 벗어나고자 몸부림치며 살아온 그녀를 설득하는 것은 쉬운 일이 아니었다. 그러자 이회창이 직접 나섰다. 5.16이 쿠데타로 격하되고 있고 아버지 박정희 대통령이 이룩한 한강의 기적을 독재자의 정권 연장을 위한 통치 수단이었다고 매도하는 현실에 대해 방관자가 되면 안 된다는 것이었다. 또 비운에 가신 어머니와 아버지의 정당한 역사적 평가를 위해서라도 그녀의 등장을 더는 미룰 수 없다고 말했다.

이렇게 하여 그녀에게 또 하나의 숙명이 시작되었다. 이십 년 가까운 세월을 벗어나려고 애써 왔지만 결국 피할 수 없는 길이었다. 삼선 개헌과 유신으로 이어진 장기 집권에 대한 비판과 한강의 기적을 이룩한 박정희 대통령의 위대한 업적에 대한 것은 역사적 평가에 맡긴다고 해도, 흉탄에 맞아 피를 흘리며 떠난 어머니의 거룩한 희생만큼은 온 국민이 영원히 기릴 수 있도록 그녀가 지켜 주어야만 했다. 앞으로 가야 할 길이 비록 멀고 험하며 어머니와 아버지처럼 처참한 결말이 기다리고 있을지도 모른다. 그러나 그녀는 숙명처럼 그 길을 걸어가기로 굳게 결심하였다.

1997년 말에 몰아닥친 IMF 사태로 1998년 상반기에만 10,000여 개의 기업이 부도 처리되었고 재계 순위 5~6위를 기록하고 있던 쌍용그룹이 그룹 해체 수준의 경영 위기에 처하자 당시 대구 달성의 국회의원이었던 회장 김석원은 의원직을 내려놓고 경영 복귀를 선언했다. 이에 따라 실시된 보궐 선거에 한나라당은 그녀를 내보내어 새정치국민회의의 후보였던 노련한 엄삼탁과 겨루게 하였다. 이는 선거를 불과 15일 남겨 놓은 상황이었다. 자금력도 조직도 없었던 그녀였지만 아버지의 '하면 된다'의 신념으로 굳게 무장한 채 맨몸으로 지역구를 뛰어다니며 발품으로 대신하였다. 결과는 61.3%의 득표율을 기록한 정치 신인인 그녀의 압승이었다.

1998년 4월 그녀는 동료 의원들의 열렬한 박수를 받으며 국회에 등원하여 정치인으로서의 새로운 여정을 시작하였다. 초선의원이었지만 보수정당의 텃밭인 대구 경북지역은 그녀에게 탄탄한 정치적 기반이 되어주었고 승승장구했던 대한민국 경제가 순식간에 몰락하면서 많은 실업자가 양산되고 있었던 당시의 암울한 경제 환경은 고성장으로 일관했던 박정희 시대에 대한 향수를 자극하면서 더욱 그녀의 정치적 입지를 공고히 다져 주었다.

그녀는 17대 국회의원 선거에서 득표율 70.03%로 재선되었고 이후 내리 5선을 기록하는 동안에 한나라당 부총재를 거쳐 2004년부터 2006년까지 한나라당 대표 최고위원을 역임하고 2007년에는 드디어 한나라당 제17대 대선후보 경선에 출마하게 되었다. 그러나 당내의 압도적 지지에도 불구하고 국민 여론 조사에서 현대건설의 신화로 서울시장에 당선되었던 이명박에게 패했고, 그가 압도적인 표 차로 대통합민주신당의 정동영 후보를 누르고 대한민국 17대 대통령에 당선되었다.

광우병,
파동의 촛불시위

1980년대에 286으로 시작되어 1990년대에 386, 486으로 진화한 컴퓨터 등장은 세상을 무서운 속도로 바꾸어 놓았다. 세계의 구석구석이 하나의 네트워크로 연결되어 실시간으로 소통이 가능한 시대가 된 것이다. 가히 혁명이라 불리는 이 새로운 시대의 도래는 세계사의 흐름마저 바꾸어 놓았다. 동독과 서독의 베를린 장벽이 무너지면서 독일이 통일되었고 공산주의의 종주국인 소련 연방이 해체되면서 탈냉전 시대가 시작되었다.

우리나라도 사회주의 신봉자들을 빨갱이라 부르며 무조건 배척하던 시대가 막을 내리면서 성장보다는 분배 정책의 합리화로 빈익빈 부익부가 고착된 현실을 타개하여야 한다는 진보 성격의 정당들이 나타났고 보수정당들도 과거 반공 위주의 이념에 분배의 공정성을 담보하기 위한 정책들을 도입하여 사회적 균형을 추구하기 시작했다. 또한, 상대적인 박탈감에 스스로 사회적 약자라고 칭하는 사람들이 정치, 경제, 사회, 문화의 각 방면에서 나타나기 시작했으며 환경단체, 진보연합, 참여연대 등 여러 형태의 시민단체들도 우후죽순으로 등장하기 시작했다.

이늘의 사상적 중심 역할을 담당하고 있던 사람들은 주로 '주사파' 이론으로 무장된 사람들이었다. 주사파란 정식명칭으로 주체사상파인데 반미, 반파쇼를 주창했던 민중 학생운동 과정에서 형성된 것으로 김일성의 주체사상을 근간으로 하고 있었기 때문에 종북 이론이라고도 불리고 있었다. 외세에 의존하지 않는 자주적 독립을 위하여 반미를 외쳤고 사회적 평등을 위해서는 성장보다 분배가 우선하는 사회가 되어야 한다는 것이었다. 따라서 그들은 모든 것에 우선하여 성장을 추구했던 박정희 시대를 재벌과 야합하여 경제성장을 장기 집권의 수단으로 활용한 군부독재의 기간이었다고 치부하며 맹공을 펼치고 있었다. 그들 중 상당수가 민주당이나 진보정당의 영입을 통해 정치세력으로 성장했는데 대부분 군사정권 시절에 학생운동이나 노동운동을 하다가 투옥되거나 처벌된 이력을 마치 훈장이나 된 것처럼 내세우고 있었다.

그들은 때마침 등장한 SNS를 통하여 굳게 결속되면서 그들만의 목소리를 내기 시작했다. 공중파 TV 방송과 신문만이 국민의 유일한 소통 수단이었던 과거와는 달랐다. 누구든 아무 제약 없이 인터넷 포탈에 여과되지 않은 상태의 게시글을 올리면 순식간에 공감을 의미하는 '좋아요'가 눌리면서 아직 검증되지 않은 내용이 마치 사실처럼 굳어져 버리는 사회적 현상이 나타나기 시작한 것이다. 일부 사이비 언론들은 검증되지 않은 사실들을 확대하고 재생산하는 데 앞장서고 있었다. 세계를 하나로 만들어 서로 소통하면서 행복한 세상을 만들어 보자는 취지로 시작된 인터넷 시대였지만 의도하지 않게 도리어 그것으로 인해 새로운 분열과 혼란이 초래되는 어지러운 격변의 시대를 맞이하게 된 것이었다.

이처럼 무책임하게 만들어진 잘못된 정보가 초래한 사회적 혼란의 대표적 사례로 2008년 4월부터 4개월 동안 광우병 파동의 대규모 촛불시위를 들 수 있다. 한-미 FTA 체결과 이의 국회 비준 과정에서 미국산 쇠고기의 광우병 발생 위험으로 논란이 일었고, MBC 시사 프로그램 'PD수첩'은 광우병에 걸린 소가 걷지 못하고 맥없이 주저앉는 모습과 광우병 환자의 뇌가 구멍이 뻥뻥 뚫려 있는 사진을 보여 주면서 한국인의 95%가 광우병에 취약한 '메티오닌-메티오닌(MM)형' 유전자를 가지고 있다는 내용의 방송을 송출하여 시청자들을 경악하게 만들었다. 이 프로그램이 방송된 바로 다음 날부터 광화문 광장은 한-미 FTA와 미국산 쇠고기 수입을 반대하는 촛불시위로 인산인해를 이루기 시작했다. 촛불시위는 참여연대, 민주사회를 위한 변호사 모임, 한국진보연대 등의 진보적 시민단체가 주관하고 있었는데 오랜 세월 대규모 노동운동 집회에 숙달된 민주노총이 합세하면서 유명 가수들의 공연을 곁들인 촛불문화제 형식으로 발전하며 규모가 더욱 확대되었고 집회의 절정기에는 참여자들이 광화문 광장을 넘어 종로의 종각까지 밀려드는 상황이 연출되고 있었다. 게다가 인터넷에서는 근거를 확인할 수 없는 광우병 괴담들이 넘쳐났고 이후 촛불시위는 반미, 반정부 시위로 변하며 더욱 격렬한 양상을 보이기 시작했다.

이명박 정부는 청와대로 진격하자는 시위대를 막기 위해 소위 '명박산성'이라 불리는 컨테이너 방어막을 광화문에 설치하였고 농림수산식품부는 MBC 방송 내용을 조목조목 반박하면서 언론중재위원회에 반론 및 정정 보도를 요청하였다. 당시 농림수산식품부의 반박 내용은 다음과 같았다.

MM형에 대한 분석 결과는 실제 발병률과 상관관계가 있다고 단정할 수 없고 미국 질병관리센터 에르미아스 빌레이(Ermias D. Belay) 박사의 2005년 연구 보고서를 보면 MM형의 경우 인간광우병의 잠복기가 짧아 감염된 환자가 일찍 사망할 수 있다는 것을 의미하는 것이지, 인간광우병의 위험성을 결정짓는 요인이라 할 수 없다.

1990년대 초 유럽 전역에서 수만 건의 광우병이 발생했을 때, 유전적으로 취약하다는 한국인 여행객과 유학생이 인간광우병에 걸린 사례가 없으며 재미교포 250만 명, 미국인 3억 명이 미국산 쇠고기를 먹고 있지만, 지금까지 인간광우병이 발견된 사례가 없다.

'PD수첩'이 미국의 '주저앉은 소(downer cow)'와 관련, 동영상을 보도하고 아레나 빈슨이라는 인간광우병으로 숨진 미국인을 소개했는데 두 가지 동영상을 편집해 방영하면서 주저앉은 소가 마치 인간광우병과 직접적인 연관이 있는 것처럼 국민에게 오해의 소지를 초래했다. 소가 일어서지 못하는 현상은 광우병뿐만 아니라 대사 장애, 질병 등 다양한 원인을 가정해 볼 수 있고, 아레나 빈슨의 경우도 방송일까지 인간광우병이라는 확진이 없었을 뿐만 아니라 오히려 인간광우병이 아니라는 미 농무부의 발표도 있었다.

　언론중재위원회는 위와 같은 반론에 대해 직권 조정으로 MBC 'PD수첩'에 '정정 및 반론' 보도를 명령하였으나 MBC가 이를 수용하지 않고 이의신청을 제기하여 정식 재판절차가 진행되었다. MBC가 후속 보도와 해명방송을 통해 왜곡 보도를 부정하자, 결국 방송통신심의위원회가 "시청자에 사과"할 것을 명하였을 뿐 아니라, 남부지원 최종 재판에서도 "PD수첩은 잘못된 광우병 보도에 대하여 사과하라"고 최종 선고하였다. 이후 광우병 촛불시위의 참가자들은 급속히 감소하기 시작했고 광우병 국민대책회의는 8월 15일 미 쇠고기 판매 저지 등 소위 '생활 속 투쟁'으로 전환할 것이라는 어정쩡한 입장을 발표하면서 4개월 동안 광화문을 뜨겁게 달구었던 수십만 개의 촛불은 마치 신기루처럼 한꺼번에 사라지고 말았다.

　2008년 한 해 동안 미국산 쇠고기 수입은 총 중량 338톤, 수입금액 236,000$에 불과하였다. 그러나 2021년에는 총 중량 8,316톤, 수입금액 10,870,000$을 기록하였다. 불과 13년 사이에 총 중량은 약 25배가 되었고 수입금액은 무려 46배의 규모가 되어 버린 것이다. 하지만, 광우병으로 사망한 사람은 아직 단 한 건도 보고되지 않고 있다. 순진한 국민을 기만하여 광화문 광장의 꼭두각시로 만들어 버린 그들은 지금 어디에서 무엇을 하고 있을까.

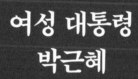

여성 대통령
박근혜

그녀가 정치에 입문한 지 어느덧 14년이 흘렀다. 정치 초년생으로 국회에 등원했던 첫해에는 의원들의 발언을 경청하면서 수첩에 꼼꼼히 메모만 할 뿐 이렇다 할 의사표시를 삼가던 그녀였다. 당시만 해도 그녀는 모든 것이 조심스러웠다. 정치판은 어제의 동지가 오늘의 적이 되어 버리고 살아남기 위해서는 죽기를 각오해야 하는 치열한 각축전이 벌어지는 곳이며 계파 간의 치열한 경쟁에서 어느 편에 줄을 서는가에 따라 정치적 운명이 결정된다는 사실을 누구보다 잘 알고 있었기 때문이었다. 아버지의 머리에 총부리를 겨눈 김재규도 사실은 아버지가 가장 아꼈던 최측근이 아니었던가. 18년이란 긴 세월을 정치판의 계속되는 유혹에도 불구하고 칩거로 일관했던 것도 바로 이 때문이었다.

이명박 정권은 집권한 지 불과 2개월 만에 불어닥친 광우병 파동과 연이은 BBK 주가조작 사건으로 인해 한때 대통령 지지율이 17%까지 추락하였고 한나라당 역시 차떼기 정당이라는 비난 속에 치러진 지방선거에서 참패하고 말았다. 한나라당은 위기 극복을 위해 그녀를 비상대책위원회 위원장으로 선임하고 당사를 천막당사로 옮기는 등의 비상 운영 체제에 돌입하였다. 그녀는 비상대책위원회 위원장으로 전면에 나서 국민에게 용서를 구했다. 당명도 새누리당으로 변경하였고 부패정당의 오명을 지워 버리기 위한 각종 공약을 제안하며 국민에게 재신임을 간곡히 호소하였다. 그녀의 이러한 노력이 주효하여 이후 치러진 19대 총선에서 새누리당은 과반을 뛰어넘는 152석의 의석수를 확보하게 되었다. 이로 인해 당내에서 그녀의 입지는 더욱 커졌고, 다시 유력한 차기 대통령 후보로 떠오르게 되었다.

결국, 그녀는 2012년 대통령 후보 경선에서 득표율 83.97%로 2위인 득표율 8.68%의 김문수를 압도적 차이로 누르고 새누리당의 대통령 후보로 결정되었다. 이제 그녀는 대한민국 최초의 독신 여성 대통령이자 부녀 대통령을 향한 도전이라는 험난한 여정을 향하여 첫발을 내딛게 된 것이다.

그러나 주변의 상황은 정통보수라는 그녀의 확고한 지지층에도 불구하고 만만한 상황이 아니었다. 비운으로 끝나 버린 노무현 정권의 비서 실장이었던 문재인이 민주통합당 후보로 선출되어 재집권을 외치며 강력한 라이벌로 등장했고, 새 시대의 아이콘으로 젊은 세대의 전폭적인 지지를 받고 있던 안철수까지 등장하면서 이른바 3파전이 형성된 것이었다.

이후 안철수와 문재인의 단일화 논의가 진행되면서 상황은 그녀에게 더욱 불리한 방향으로 전개되고 있었는데 설상가상으로 새누리당 내부에서 소외된 비박계 의원들 일부가 민주통합당과 연대하는 움직임까지 나타났다. 그런데 문제는 당시 152석이던 새누리당 의원 중 비박계 의원 13명이 민주통합당과 연대하게 되면 민주통합당이 사실상 과반수 제1정당으로 역전하게 되어 있는 의석 분포였다. 이러한 움직임은 결국 그녀가 대통령에 당선된 후 탄핵이라는 폭풍을 몰고 온 사태의 시발점으로 작용하게 되었다.

이어진 위기 상황 속에서도 그녀의 도전은 위풍당당했다. 오십여 년의 세월을 살아오면서 평범한 사람들이라면 상상도 하지 못할 절망과 위기의 순간들을 슬기롭게 극복하고 이제 대한민국 최초의 여성 대통령을 향한 위대한 도전 앞에 서 있었기 때문이었다.

당시 새누리당 서울시장 후보 오세훈의 찬조 연설 와중에 발생했던 커터 칼 테러 사건은 절명의 위기를 당당하고 의연하게 극복하는 그녀의 모습을 국민의 가슴속에 깊이 각인시켜 주었다. 그녀는 테러범이 휘두른 커터 칼에 의해 오른쪽 뺨이 11cm나 찢겨 나갔다. 만일 커터 칼이 아래쪽 목 부위로 조금만 내려왔다면 경동맥 파열로 사망의 위험마저 있었던 절체절명의 순간이었다. 그러나 연세대학교 병원에서 봉합수술을 마친 후 마취에서 깨어난 그녀의 입에서 나온 첫마디는 "대전은요?"였다. 당시 대전시장 선거에서 열린우리당의 염홍철 후보가 우세로 예측되었기 때문에 판세의 변화 여부를 물어본 것이었다. 그녀의 이 말 한 마디로 판세는 역전되어 새누리당 박성효 후보가 대전시장에 당선되는 결과를 가져왔다.

사람들은 그녀를 가리켜 '선거의 여왕'이라 했다. 그녀가 지원 유세를 위해 나타나면 청중들은 정작 주인공인 후보자보다 그녀에게 더 열광하였다. 특히 일제 치하의 어려운 시절과 박정희 시대를 모두 경험한 연령대의 사람들은 그녀에게서 육영수 여사와 박정희 대통령에 대한 맹목적인 향수를 찾고 있는 듯했다. 그녀가 유세장에 나타나면 아무 말도 하지 않고 그녀의 손을 더럭 붙들고 흐느끼면서 오래도록 손을 놓아주지 않는 사람들도 있었다.

　대통령 선거 막판에 안철수가 대통령 후보에서 사퇴하면서 표 대결은 보수의 그녀와 진보의 문재인으로 압축되었다. 그녀에게는 경상도의 확고한 지지 기반과 정통보수의 열렬한 성원이 있었다. 그러나 광우병 사태에서 보여 준 진보의 엄청난 응집력과 SNS로 무장된 신세대의 표의 향방은 문재인에게 더 유리한 것으로 예측되었다. 장외에서는 '박사모'와와 '문사모'의 서로를 향한 비방과 댓글 전쟁이 시작되었다. 그녀를 지지하는 '박사모'는 회원 수 6만 명에 이르렀고 문재인을 지지하는 '문사모'는 회원 수 2만여 명에 불과해서 얼핏 보기에는 '박사모'가 '문사모'를 압도하는 것처럼 보였으나, 문재인에게는 회원 수 12만 명에 이르는 '노사모'와 회원 수 19만 명인 문성근의 '국민의 명령'이 지원 세력으로 후방에서 단단히 버티고 있었다. 게다가 안철수와 문재인으로 분산되었던 전라도의 표심은 안철수의 퇴장에도 불구하고 철저하게 그녀를 외면하는 분위기였다. 이는 영호남의 지역적 정서가 만들어 낸 어쩔 수 없는 결과이기도 했다.

　이러한 비관적 전망에도 불구하고 그녀는 '창조경제', '준비된 대통령'

을 외치며 위풍당당하게 전국을 순회하고 있었는데, 그러던 중 뜻밖의 지원군이 나타났다. 바로 통합진보당 대통령 후보로 등장한 기호 3번 이정희였다. 그녀는 TV를 통해 전국으로 생방송 된 후보 토론이 시작되자 자신은 박근혜를 떨어뜨리기 위하여 나왔다고 일갈하더니 집요하고 거친 공격을 속사포로 쏟아 내기 시작했다. 박근혜는 잠시 당황하는 모습을 보였지만 이내 평소의 정제된 언어를 사용하면서 차분하게 대응하는 의연한 모습을 보여 주었다. 국민이 선택한 그날의 승자는 표독하고 거칠게 공격한 이정희가 아니라 평정심을 잃지 않고 의젓한 모습으로 대응한 그녀, 박근혜였다. 이후 이정희에게는 매스컴에서 독사라는 별명이 생겼고 결국 후보 사퇴를 선언하고 말았다.

2012년 12월 19일 드디어 운명의 날이 밝았다. 투표는 오전 6시에 시작하여 오후 6시에 마감되었는데 75.8%의 높은 투표율을 기록하였다. 결과를 예측하기 어려운 치열한 선거전이 연출되면서 국민의 관심이 그만큼 최고도로 고조되어 있음을 보여 준 것이다. 고되고 힘들었던 선거 일정을 마감한 그녀는 모처럼 하루의 휴식을 취한 후 당사 캠프에 모여 앉아 방송 3사의 출구조사 결과를 긴장 속에서 지켜보고 있었다. 나름대로 자신이 가진 모든 것을 쏟아부었기 때문에 진인사대천명으로 결과에 승복할 생각이었다.

드디어 출구조사 결과가 발표되었다. 박근혜 후보 50.1%, 문재인 후보 48.9%로 그녀가 단 1.2% 차이로 문재인 후보를 앞서는 것으로 나타났다. 여기저기서 터져 나온 환호와 박수를 받으며 그녀 역시 안도와 감격의 모습을 보였다. 그러나 간발의 차이였기 때문에 숨죽이며 최종 결과를 지켜보아야 했다. 새벽 무렵에 선관위 최종 발표 결과가 나왔다. 그녀가 51.55%, 문재인 후보 48.02%로 3.53%, 108만 496표 차이였다. 방송 출구조사와는 달리 비교적 여유 있는 당선이었다. 과반수의 대한민국 국민이 대한민국 최초의 여성 대통령으로 그녀를 선택한 것이었다. 그녀는 국민을 향해 뜨거운 감사의 눈물을 흘렸다. 그리고 스스로 다짐하였다.

'나에겐 자식도 없고 남편도 없다. 오직 국민만을 내 가족같이 바라보며 대통령의 길을 걸어가자. 때로는 외롭고 고단한 길이 기다리고 있을지 모른다. 그러나 그 길이 국민 행복을 위한 길이라면 나의 모든 것을 다 바쳐서 그 길을 걸어갈 것이다.'

그녀는 그날 밤 모든 국민에게 자신의 결혼을 알리는 청첩장을 발송하였다. 2013년 2월 25일에 신랑 대한민국과 신부 박근혜가 여의도 국회 광장에서 결혼식을 거행하오니 국민 여러분의 뜨거운 성원을 부탁드린다는 내용이었다.

여의도 국회 앞마당에서 거행된 18대 대통령 취임식은 '국민 대통합' 축제였다. 형식적인 의전 행사를 배제한 식전 행사는 김덕수 사물놀이패로 시작해서 민요합창단, 트로트 가수, 뮤지컬 배우 등이 등장하여 한마당 축제를 연출하였고 가수 싸이의 말춤도 등장했다. 21발의 예포 후 본행사가 시작되자 카키색 코트에 보라색 머플러로 단장한 그녀가 '국민 대표' 30인과 함께 단상에 올랐다. 국민과 함께이고 싶은 대통령의 바람이 그대로 반영된 취임식 장면이었다. 대통령 선서 이후 진행된 취임사도 그런 그녀의 바람을 여실히 보여 주고 있었다.

"저는 대한민국의 대통령으로서 국민 여러분의 뜻에 부응하여 경제 부흥과 국민 행복, 문화 융성을 이뤄 낼 것입니다. 부강하고, 국민 모두가 함께 행복한 대한민국을 만드는 데 저의 모든 것을 바치겠습니다.

'제2의 한강의 기적'을 만드는 위대한 도전에 나서고자 합니다. 국민 개개인의 행복의 크기가 국력의 크기가 되고, 그 국력을 모든 국민이 함께 향유하는 희망의 새 시대를 열겠습니다.

또한,
힘이 아닌 공정한 법이 실현되는 사회, 사회적 약자에게 법이 정의로운 방패가 되어 주는 사회를 만들겠습니다.

새 정부에서는 우리 정신문화의 가치를 높이고, 사회 곳곳에 문화의 가치가 스며들게 하여 국민 모두가 문화가 있는 삶을 누릴 수 있도록 하겠습니다.

최근 북한의 핵실험은 민족의 생존과 미래에 대한 도전이며, 그 최대 피해자는 바로 북한이 될 것이라는 점을 분명히 인식해야 할 것입니다.

서로 대화하고 약속을 지킬 때 신뢰는 쌓일 수 있습니다. 북한이 국제사회의 규범을 준수하고 올바른 선택을 해서 한반도 신뢰 프로세스가 진전될 수 있기를 바랍니다.

제가 꿈꾸는 국민 행복 시대는 동시에 한반도 행복 시대를 열고, 지구촌 행복 시대를 여는 데 기여하는 시대입니다.
앞으로 아시아에서 긴장과 갈등을 완화하고 평화와 협력이 더욱 확산될 수 있도록 미국, 중국, 일본, 러시아 및 아시아, 대양주 국가 등 역내 국가들과 더욱 돈독히 신뢰를 쌓을 것입니다.
나아가 세계 이웃들의 아픔을 함께 고민하고, 지구촌 문제 해결에도 기여하는 대한민국을 만들겠습니다.

저는 깨끗하고 투명하고 유능한 정부를 반드시 만들어서 국민 여러분의 신뢰를 얻겠습니다.
우리 국민 모두가 또 한 번 새로운 한강의 기적을 일으키는 기적의 주인공이 될 수 있도록 함께 힘을 합쳐 국민 행복, 희망의 새 시대를 만들어 갑시다.
감사합니다."

기나긴 여정 후 다시 돌아온 청와대의 모습은 옛 모습이 모두 사라져 버려 낯선 모습으로 변해 있었다. 1층을 대통령 집무실로 사용하고 2층은 가족생활 공간으로 사용했던 옛 본관은 모두 철거되어 텅 빈 자리가 되어 있었다. 그 대신 웅장한 새 모습의 본관이 신축되어 대통령의 집무실이 되었고 가족들의 생활공간인 관저는 한옥으로 단장하여 고풍스러운 모습을 보여 주었다. 영빈관, 춘추관도 높아진 대한민국 국격에 어울리는 모습으로 자리하고 있었지만, 그녀에게는 모든 것들이 너무 낯설게 다가왔다. 부모님과 가족들이 함께했던 옛 추억들을 회상할 만한 곳이라고는 가족들이 모여 앉아 노래자랑으로 웃음꽃을 피우곤 했던 본관 앞 잔디광장 정도였기 때문이었다.

청와대는 그녀에게서 어머니와 아버지를 모두 앗아 간 곳이었고 절망과 비통의 눈물이 마르기도 전에 쫓기듯 서둘러 떠나야만 했던 곳이었다. 그런데 34년이라는 세월이 흘러 그녀가 다시 이곳의 주인이 되어 다시 돌아온 것이다.

청와대로 돌아온 첫날 밤, 그녀는 처연한 가슴을 부여잡고 긴 밤을 지새우고 있었다. 차라리 자신마저 총탄으로 거두어 달라며 절규했던 그날의 아픔들이 생생하게 떠오르며 그녀의 눈에선 하염없이 눈물이 흘러내렸다.

그러나 그녀는 두 주먹을 말아 쥐며 스스로 굳게 다짐했다. 이제 나의 눈물은 더는 슬픔의 눈물이 아니라 뜨거운 감격의 눈물이어야 한다. 내일 아침 태양이 다시 떠오르면 나는 또 하나의 숙명으로 주어진 새로운 삶을 살아가야만 한다. 어머니와 아버지가 미처 이루지 못했던 위대한 과업들이 나를 기다리고 있다. 이제 내가 해야 할 일들은 오로지 국민이 바라고 원하는 것들을 이루어 내는 것이다. 그렇게 하라고 국민이 나를 다시 이곳으로 보낸 것이 아닌가! 어떤 시련이 오더라도 굴하지 말고 위풍당당하게 대적하면서 대한민국의 번영과 국민의 행복을 위해 나의 마지막 생애를 다 바치자.

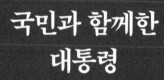

**국민과 함께한
대통령**

경제 부흥과 국민 행복, 문화 융성을 통해 부강하고 국민이 행복한 대한민국을 만들기 위한 박근혜 정부의 막이 올랐다.

우선 시급한 것은 남북 문제였다. 진보정당의 승리를 바라고 있었던 북한은 보수의 아이콘인 그녀가 대통령에 당선되자 2013년 3월, 남북불가침 합의를 파기하고 직통전화를 중단시킨다는 발표를 하면서 각종 미사일이 핵탄두를 장착한 채 언제든 대기 상태에 있다고 위협을 가하기 시작했다.

경제 부흥, 문화 융성을 위해서는 우선 튼튼하고 확고한 국가안보가 전제되어야 했다. 그녀는 한미동맹의 강화를 위해 취임 2개월 후인 2013년 5월 미국을 방문하여 한미동맹을 글로벌 동맹으로 발전시키는 '한미동맹 60주년 선언' 등에 합의하였다.

하지만 동북아의 안정을 위해서는 중국과의 유대도 매우 긴요했다. 다행히 그녀는 의원 시절에 당시 저장성 서기였던 지금의 시진핑 중국 국가 주석을 만난 인연을 이어 가고 있었다. 중국어도 가능하였던 그녀는 취임을 축하해 준 시 주석과의 통화에서 오랜 친구라는 표현인 '라오 평'이라고 시 주석을 부르기도 했고 이후, 베이징에서 열린 전승절 기념 열병식 행사에 일부 국내외 반대 여론을 무릅쓰고 참관하며 한중관계의 유대 강화를 위한 노력을 보여 주었다.

다만 우경화 노선을 취하고 있었던 일본의 아베 신조 총리에 대해서는 "역사 인식이 바르게 가는 것이 전제되지 않고 과거 상처가 덧나게 되면 미래지향적 관계로 가기 어렵다"고 말했다. 일본이 우경화로 가게 되면 동북아시아 여러 나라와의 관계가 어려워질 것이고 이는 일본에도 유리한 방향이 아닌 만큼 신중하게 생각해야 한다는 것이었다.

그녀는 이러한 경고성 발언과 더불어 동북아의 안정적 평화를 위해 미국을 포함한 동북아시아 국가들이 기후변화와 테러 방지, 원전 문제 등과 같은 비정치적 분야부터 신뢰를 구축하고 이를 토대로 다자간에 더 큰 신뢰를 쌓아 나가자고 주장하였다. 바로 '동북아 평화·협력 구상', 즉 '서울 프로세스'를 제안한 것이었다.

이러한 프로세스 제안은 취임 1년 후 인도적 문제 해결, 남북한 공동 인프라 구축, 남북 동질성 회복 등 평화통일 기반 구축을 위한 3대 제안을 북한에 제시하는 드레스덴 선언으로 발전하게 되었다. 이어 광복절 경축사에서 그녀는 "통일 준비는 시대적 소명"이라면서 북한에 대해 하천·산림 관리 공동 협력 사업, 이산가족 상봉, 남북한 광복 70주년 공동 기념 문화사업 준비 등 남북이 실천 가능한 사업부터 행동으로 옮기자고 제안하였다.

외교 문제와 달리 국내 문제는 사안마다 국민 사이에서도 이해관계가 충돌하는 경우가 많았다. 특히 야당과 시민단체가 연합하여 반대 투쟁을 하고 여기에 언론마저 가세하게 되면 아무리 개혁을 위해 꼭 필요한 정책이라 하더라도 무리하게 강행하기가 어려웠다. 더구나 여당 국회의원들의 분포도 그녀의 정책을 강력히 지지해 주는 친박계보다는 비박계나 중립적 의원들이 다수를 이루고 있었다. 그들 중 일부는 자신의 정치적 입지를 강화하기 위하여 자기만의 목소리를 내며 정부의 개혁정책에 제동을 걸며 반대하는 모습을 보여 주는 여당 의원도 있었다.

그러나 그녀는 알고 있었다. 집권 초기에 개혁을 이루어 내지 못하면 국민에게 약속한 경제 부흥과 국민 행복은 한낱 공염불이 되어 버릴 위험이 크다는 것을. 이 때문에 그녀는 반대 여론에 의한 정치적 부담과 불통이라는 비난에도 불구하고 개혁정책에 강력한 드라이브를 계속 시행하였다.

무엇보다도 미래세대에 부담으로 다가온 연금 개혁이 큰 문제였다. 역대 정권에서도 연금 개혁을 위한 나름의 노력이 있긴 하였다. 그러나 적게 내고 많이 받고 싶어 하는 가입자들의 저항 때문에 2050년대 국민연금 고갈이라는 근본 문제 해결과는 너무 거리가 먼 단편적이고 임시적인 개편만으로 일관하고 있었다. 선거에서의 표를 의식하고 있었기 때문이었다. 그러나 원칙에 충실한 그녀는 미래세대도 안심할 수 있는 안정적 연금제도 유지를 위해 반대 여론을 물리쳐 가며 과감한 제도 개혁을 시행했다. 보험료 인상, 연금 지급률 인하, 연금액 한시 동결 등이 주요 내용이었다. 특히 공무원 연금과 사학연금의 개편 작업으로 피해를 보게 된 기존 가입자들의 불만은 이후 그녀의 정치적 행보에 큰 부담으로 남게 되었다.

또한, 그녀는 노사관계의 선진화와 노동의 유연성 확보를 위하여 노동 관련 5법의 개정작업도 착수하였다. 노동 관련 5법은 근로기준법, 산업재해 보상법, 고용보험법, 기간제법, 파견법으로 구성되어 있었다. 노동시장의 경직화와 고비용을 피하려고 기업들이 국내 제조시설을 해외로 이전하고 있는 작금의 상황을 개선하기 위한 노력의 일환이었다. 법 개정에 앞서 저성과자 일반해고 도입과 임금피크제, 취업규칙 불이익 변경을 허용하는 2대 지침(공정 인사 지침·취업규칙 해석 및 운영지침)을 우선으로 시행하였다. 그러나 민주당과 노동계에서는 '쉬운 해고 임금삭감'을 위한 악법 개정이라고 강력히 비난하면서 결사 항쟁을 선언하였다. 노동자에게만 일방적 희생을 강요하는 불공정한 내용이라는 것이었다. 이러한 노동 관련법 개정은 이후 탄핵 국면에서 노동계가 촛불시위의 주도적 역할을 담당하는 도화선이 되어 버렸다.

지지율 하락과 노동계의 반발에도 불구하고 박근혜 정부는 다시 방만하게 운영되고 있는 공기업 경영합리화를 위한 개혁안을 추진하였다. 공공기관 부채가 이미 통제하기 힘든 수준으로 증가하고 있어서, 이대로 가면 국가 부채가 미래세대에 감당할 수 없는 부담을 안겨 줄 우려가 크다는 위기의식에서 출발한 것이었다. 공공기관 부채는 2014년 말 594조 1,000억 원에 이르고 있었고 결국, 적자재정이나 국민의 조세 부담으로 돌아올 것이 불 보듯 뻔했기 때문이었다. 공기업에 대해서도 사기업처럼 경영 성과를 엄격하게 평가하고 결과에 따라 소속 임직원들의 급여체계에 반영하고 하위등급을 받은 임원들에게는 해임 건의 등 인사상의 불이익 조치를 하도록 하였다. 이에 반발한 일부 공기업의 노조가 민주노총과 연대하여 공기업 개혁정책에 저항하는 모습이 나타나자 그녀는 수석비서관회의를 주재한 자리에서 "국민도 이를 용납하지 않을 것이다. 국민은 어려움에 허리띠를 졸라매는데 공공부문에서 방만 경영을 유지하려고 저항한다면 국민에게 그 실태를 철저히 밝혀야 한다. 실상을 정확하게 알리고 공공기관 스스로 변화의 길을 갈 수 있도록 해야 할 것이다"라고 경고하면서 강력한 공기업 개혁 의지를 재천명하였다.

북한의 핵 개발 관련 위협과 협박에 대해서도 단호한 태도와 정책으로 일관하는 모습을 보여 주었다. 대표적으로 개성공단 중단 결정과 대북 확성기 재가동, 북한인권법 국회 통과, 사드 배치를 들 수 있다. 개성공단의 중단 조치는 북한의 4차 핵실험과 연이은 광명성 위성 발사로 긴장이 고조되자 개성공단을 통한 북한의 핵 개발 자금을 원천적으로 차단하기 위해 입주기업의 피해에도 불구하고 박근혜 정부가 독자적으로 시행한 강력한 제재였다. 예상했던 대로 입주기업들은 충분한 보상을 요구하며 비상대책위원회를 구성하였고, "정부가 개성공단 전면 중단으로 국민의 재산권을 침해하고, 정당한 보상을 하지 않아 신뢰 보호 원칙을 위반했다"며 헌법소원을 제기하였다. 헌재는 재판관 전원일치 의견으로 이를 기각·각하했다. 헌재는 "개성공단은 대표적인 남북 경제협력 사업지구로, 그 운영 중단이 북한에 대한 경제 제재 조치가 될 수 있음은 분명하다"며 "북한을 경제적으로 고립시켜 핵 개발을 무력화한다는 국제사회의 제재 방식에 부합하므로 중단 조치는 적합한 수단으로 판단된다" 했다. 또 "정부는 북한의 핵과 미사일 개발에 대한 국제사회의 우려가 해소되는 등 여건이 조성되면 공단을 다시 가동할 수 있도록 전면 폐쇄가 아닌 중단 조치를 취했다"며 "따라서 기간을 정하지 않고 개성공단 운영을 중단하기로 한 결정이 필요한 한도를 넘는 과도한 조치라고 볼 수 없다" 했다.

2010년 천안함 폭침 사건 당시 이명박 정부는 확성기 방송 재개를 검토했지만, 확성기를 조준 타격하겠다는 북한의 위협에 실행을 미루어 왔다. 그러다 북한이 설치한 목함지뢰의 폭발이 발생하여 우리 병사 2명이 다리와 발목이 절단되는 사고가 발생하자, 박근혜 정부는 즉각 대북 확성기 방송을 재개할 것을 선언했다. 대북 확성기는 가로 4m, 세로 3m의 크기에 5백 와트 고출력 스피커 40개로 구성되어 출력을 최대로 높이면 낮에는 10km 이상, 밤에는 24km까지 소리가 전달되었는데 접경지역의 북한 주민들을 향한 방송 내용이 소리 없이 북한 내부로 확산하면서 북한지도부가 극도로 민감하게 반응을 보여 온, 대북 심리전을 위한 강력한 무기였다.

북한인권법은 북한 주민의 인권 개선을 촉구하며 탈북 난민의 지위를 인정하고 국제적인 지원을 약속하는 내용이 주를 이루고 있으며 통일부

산하에 북한 인권 재단을 설립하여 실태를 조사하고 인권 개선을 위한 정책을 개발하여 시행하도록 규정하고 있는데 2016년 3월 새누리당이 민주당과 합의하여 국회에서 의결 통과되었다.

그러나 실무를 추진할 주체인 북한 인권재단은 야당인 민주당이 할당 몫인 5인의 이사를 추천하지 않아서 출범이 지연되었고 문재인 정부 출범 후 5년 동안에도 추천이 이루어지지 않았을 뿐 아니라, 결국에는 북한 인권재단 사무실을 폐쇄하고 관련 예산을 삭감해 버렸다. 북한 주민의 인권 개선은 우리나라뿐만 아니라 미국과 일본에서도 관련 법안을 국회에서 의결하여 시행하고 있었는데 북한의 반발을 의식하여 동족의 인권 개선을 위하여 합의 의결된 법안을 사실상 사문화시켜 버린 것이었다.

2016년 1월 초, 그녀는 중국의 반발과 압력에도 불구하고 사드 배치를 국익에 따라 검토하겠다고 선언했다. 계속되는 북한의 핵 위협에 대응하기 위한 강력한 의지의 표명이었다. 그러나 민주당은 중국과의 관계 악화와 전자파 위해를 내세우며 반대 여론의 선두에 섰다. 여론은 찬반 의견이 팽팽하게 맞섰지만, 대부분의 여론 조사 결과에서 찬성이 65% 전후였고 반대는 25%에서 30% 사이로 나타났다. 결국, 그녀는 무엇보다도 국민의 안위가 우선되어야 한다며 사드 배치를 결정하였다.

항간에는 사드 배치가 미국의 본토 방어를 위한 것이라는 주장이 있었는데 중국에서 미국으로 날아가는 1,000km 이상의 초고도 미사일을 대비하여 미국은 이미 GBI 방어체계(ICM방어용 요격체계)를 캐나다에 배치하고 있었다. 사드는 중국에서 미국까지 날아가는 장거리 미사일을 요격하기 위해 만들어진 방어체계가 아니었다. 중국에서 미국까지 날아가는 초고도 1,000km 이상의 장거리 미사일을 사드로 요격하는 것은 불가능하다. 사드의 요격 가능 고도는 10km에서 150km이고 사거리도 200km에 불과하기 때문이다.

또한, 북한이 수직에 가까운 높은 각도의 미사일 발사 실험에 집착하는 것도 사드 배치의 필요성을 가중시켰다. 미사일을 수직으로 발사하면 떨어질 때 미사일 낙하 속도에 최대한 가속도를 붙여 마하 10 이상의 속도를 낼 수가 있다. 그러나 우리나라가 보유한 패트리어트 미사일이 낼 수 있는 속도의 한계는 마하 5에 불과하였다. 따라서 이러한 고각 발사에 대응하기 위해서는 마하 14까지 요격이 가능한 사드가 필요하다는 것이 군 당국의 설명이었다.

사드 배치 시 레이더의 전자파가 배치지역 주민들에게 위해를 발생시킨다는 주장도 사실은 구체적 논거가 없는 주장이었다. 우리나라는 2016년 현재 이스라엘 슈퍼그린파인 레이더 2기(사드 레이더보다 고출력)를 배치 중인데 지금까지 전자파로 인해 발생한 피해 민원은 단 한 건도 발생하지 않고 있었다. 더구나 민주당은 전자파를 가장 큰 문제로 삼으면서 사드 배치에 반대했지만, 노무현 정부 당시에 L-SAM 개발을 추진했던 집권당이었다. 사드의 레이더보다 훨씬 강력한 레이더의 개발을 추진했던 정당이 야당이 되면서 갑자기 입장을 달리한 것이었다.

또한, 박근혜 대통령의 업적 중 가장 주목할 만한 것은 김영란법의 시행 공포였다. 이 법은 '청탁 금지법'으로도 불리는데, 1회 100만 원을 초과하는 금품을 수수한 공직자 등에 대해 대가성과 직무 관련성을 따지지 않고 형사 처벌하는 내용의 법률이었다. 금액이 100만 원 이하여도 직무와 관련성이 있다고 밝혀지면 대가성 여부와 관계없이 과태료가 부과되는 것으로 되어 있었다. 과거에는 대가성과 직무 관련성이 모두 인정되어야 처벌할 수 있었는데 이를 불문하고 금품 수수의 사실만 있으면 무조건 처벌할 수 있게 한 것이다. 그러므로 뇌물의 영역에 속하지 않는다며 관행적으로 이루어지고 있었던 경조비, 식사비 제공, 조건 없는 지원금, 찬조금 등 모두를 처벌의 대상으로 한 강력한 부패 방지 처벌법이었다.

법 적용 대상 기관은 국회, 법원, 헌법재판소, 선거관리위원회, 감사원, 국가인권위원회, 중앙행정 기관 및 그 소속기관, 지방자치단체, 시·도 교육청, 공직 유관 단체, 공공기관 운영법 제4조에 따른 기관, 각급 학교, 사립학교법에 따른 학교법인, '언론 중재 및 피해구제 등에 관한 법률'에 따른 언론사 등이었으며 법에 정의된 언론사는 방송사업자, 신문사업자, 잡지 등 정기간행물사업자, 뉴스·통신사업자 및 인터넷신문사업자였다.

한마디로 대한민국 곳곳에서 이루어지고 있었던 관행적 부정부패를 근본적으로 발본색원하여 청렴한 대한민국을 만들고 말겠다는 그녀의 강력한 의지를 보여 준 것이었는데 이를 추진하는 과정에서 그녀는 타협을 모르는 철밥통이며 외고집이라는 일부의 비난을 받기도 하였다. 그러나 그녀는 물러서지 않았다. 번영된 대한민국을 위해서 부패가 반드시 척결되어야 한다는 것은 어떠한 회유나 협박에도 물러설 수 없는 그녀의 확고한 신념에 의하여 추진된 것이었기 때문이었다.

아, 세월호여!

2014년 4월 16일.

　뉴스 특보를 알리는 YTN의 방송화면은 좌현으로 기울어진 채 조금씩 좌초하고 있는 선박, 세월호의 모습을 비추고 있었다. 직장인들이 출근해서 업무를 시작한 지 30분도 채 되지 않았을 시각인 오전 9시 20분 무렵이었다. 조도면 병풍도 인근 해상에서 좌초하고 있는 세월호에는 선원과 승객을 포함해 총 476명이 탑승하고 있는데 그중 제주도로 수학여행을 가던 안산 단원고등학교에 다니는 어린 학생들이 325명이라고 전했다. 충격적인 뉴스에 일손을 멈추어 버린 직장인들은 숨 막히는 긴장 속에서 TV 화면을 응시하고 있었다. 하늘에서는 해경 헬리콥터의 요란한 소리가 들렸고 바다 위에서는 소형 어선들과 구조선, 해군함정이 어울려 구조작업을 벌이고 있는 듯했다. 순식간에 단원고등학교 강당으로 헐레벌떡 뛰어온 학생들의 가족들은 긴박하게 진행되고 있는 현장의 모습을 두근거리는 가슴으로 지켜보고 있었다.

　10시 38분.

KBS는 "배에 타고 있던 탑승객 대부분은 현재 출동해 있는 함정, 그리고 지나가던 상선, 해군함정 등에 구조가 된 상황입니다"라는 해경 항공기 부기장의 인터뷰를 내보냈다.

11시 1분 7초.

MBN에서 "단원고 측 '학생 모두 구조'"라는 자막을 내보냈다. 이어서 MBC는 11시 1분 26초 "안산 단원고 '학생들 전원 구조'"라는 자막을 내보냈다. MBC는 "수학여행을 떠났던 단원고 학생들 338명 전원이 구조되었다는 소식이 들어왔다는 것을 다시 한번 전해 드립니다"라는 단정적인 앵커의 멘트를 내보냈다.

가슴을 졸이며 숨죽여 사고 현장 중계화면을 지켜보던 가족들은 외마디 감격의 비명을 지르며 서로를 얼싸안았다. 뜨거운 눈물로 얼굴이 범벅이 되어 버린 그들은 놀란 가슴을 쓸어내리며 '전원 구조'의 방송 보도에 안도의 한숨을 내쉬었다.

같은 시각, 사고 현장 방송화면을 떨리는 가슴으로 지켜보고 있던 그녀의 입에서도 "그나마 다행이구나"라는 소리가 흘러나왔다. 과거 제주와 부산을 오고 가던 남영호 침몰 시에는 323명의 희생자가 나왔고 서해 훼리호 침몰 당시에도 293명의 엄청난 희생자가 나왔음을 기억하고 있었기 때문이었다. 비서실에서도 전원 구조라는 보고가 있었다. 그녀는 잊고 있었던 식사를 하기 위해 자리에서 일어났다. 식사 후 재난안전대책본부를 방문해서 현장 수습 상황을 확인하고 사후 대책을 논의할 예정이었다.

그러나 KBS, MBN, MBC, YTN의 모든 자막과 방송은 1시간도 지나지 않아 오보로 판명되고 말았다. 비서실과 중대본에서도 다시 오보를 확인하면서 희생자 수가 상당할 것으로 예측된다고 하였다. 광우병 파동 당시, 잘못된 방송이 초래한 엄청난 사회적 파장의 기억이 되살아나는 순간이었다. 사실 확인 없이 무책임하게 '전원 구조'라는 자막과 방송을 송출하면서 그들은 절망에 빠져 있던 단원고 학생 가족들과 희생자 가족들 가슴에 다시 한번 차가운 비수를 꽂아 버린 것이었다.

이후 이 사고로 최종 집계된 희생자 규모는 사망 299명, 실종 5명, 구조 172명으로 발표되었다. 희생자 중 단원고 학생은 248명, 인솔 교사 5명이 포함되어 있었다. 희생자의 대부분이 배에서 내리지 말라는 선장의 안내 방송으로 인해 선실에서 기다리던 중 희생된 것으로 추정되어 유가족들의 분노가 극에 달하고 있었다.

승객을 침몰하는 배에 남겨두고 먼저 탈출한 선장과 승무원들에 대한 분노와 더불어 초기 대응에 허점을 보이며 미숙하게 대처한 해경에 대한 비난 여론은 정부에 대한 성토로 이어졌으며 결국 정홍원 국무총리가 책임을 지고 사퇴 성명을 발표하게 되었다. 과거 정부에서 엄청난 희생자가 발생한 남영호, 서해 훼리호 사건 때에도 국무총리가 책임을 통감하고 물러나면서 사건이 수습되는 방향으로 선회하였고 이후 우여곡절 끝에 보상이 완료되면서 사람들의 머릿속에서 대형 참사의 아픔은

잊혀 갔다. 그러나 이번에는 희생자의 대부분이 수학여행을 떠났던 어린 학생들이라는 점에서 총리 사퇴로 유가족과 국민의 극에 달한 분노와 비통한 마음을 달래기에는 역부족이었다. 게다가 야당인 민주당에서 세월호 희생자 추모 분위기를 계속 이어 가면서 정부 대처의 미흡함에 대한 성토에 연일 목소리를 높이고 있었기에 그녀는 집권 이후 최대의 곤경을 맞이하게 되었다.

사고 이틀 후, 그녀가 팽목항을 방문하자 극도로 흥분한 유족들의 고성과 욕설이 터져 나왔다. 참담한 심정이었지만 그녀는 실종자 수색에 최선을 다할 것을 유족들에게 거듭 약속했고 18일 후 다시 팽목항을 방문하여 관계자들에게 사고 수습을 위하여 만전을 기하라고 거듭 독려했다. 이와 더불어 사체 수습 중 사망한 잠수사를 의사자로 지정하도록 했고 선체 침몰 과정에서 구난 중 사망한 희생자를 국가보훈처 유공자로 지정하도록 했다. 세월호 특별법과 세월호 배 보상법도 국회에서 결의 통과되었다. 구조되었지만 참담한 후유증을 겪고 있는 학생들을 위해 대입 특례법을 도입했고 교육부에서는 피해자들을 위하여 특별교부금을 지원하도록 했다.

이러한 노력에도 불구하고 취임 이후 50% 이상을 견고히 유지하던 박근혜 정부의 지지율은 10% 정도나 하락하여 40%를 간신히 유지하면서 회복될 기미가 보이지 않았고 시중에는 세월호 참사와 관련된 각종 유언비어가 나돌기 시작했다. 작전 중이던 미 잠수함의 어뢰를 맞아 침몰했다는 설, 한미 합동훈련으로 원래의 항로를 변경하여 침몰했다는 설,

선체에 생존자가 가득했으나 정부가 의도적으로 구조를 회피하고 있다는 설, 심지어 그녀가 최태민의 영생과 부활을 위해 청와대 내부에서 천도재를 지내며 인신 공양으로 바칠 300명이 필요하여 벌어진 사건이라는 황당한 소문들이 SNS를 통하여 끝을 모르게 유포되고 있었다.

아무런 제약이 없는 SNS나 인터넷에서는 사실이 아닌 허구의 나쁜 뉴스들이 더욱 기승을 부리며 확대하고 재생산되기에 적합한 환경이기 때문이었다. 이러한 설들은 이후 수사를 통하여 대부분 어린 학생들이 무책임하게 상상력을 동원하여 올린 것으로 밝혀졌으나 일부 내용은 세월호 참사 국민 대책위원회나 반정부 시민연합단체에 의하여 퍼진 것으로 드러났다.

유족들의 피해보상과 사고원인에 대한 진실규명과 관련해서도 잡음과 부작용이 끊임없이 이어졌다. 세월호 유족들은 광화문을 기습 점거하여 7개의 천막을 설치하고 참사에 대한 철저한 진실규명과 피해보상을 요구하면서 밤샘 농성을 시작했다. 사망한 단원고 학생 김유진 양의 아버지 김영오가 단식에 돌입하자 대통령 선거에서 낙선한 문재인이 광화문에서 단식 중이던 그를 찾아가 동조 단식을 선언했고 일주일 동안 단식이 이어지면서 언론이 광화문 천막 단식을 집중보도하기 시작했다. 하지만 단식 과정에서 김영오가 욕설을 하며 대리기사를 폭행했다는 보도가 나왔고 그녀를 향해 "대통령이라는 ×이 똑같은 ×××이지"라고 욕설을 하여 파문이 일었다. 더불어 김유진 양의 외삼촌이 그가 10년 전에 이혼한 아버지이며 누나가 10년 동안 두 아이를 양육하고 있다는 것과

'누나 마음이 찢어지니 유진이 이름 그만 팔아라'고 하는 글을 페이스북에 올리면서 씁쓸한 뒷맛을 남기기도 하였다.

과거에 일어났던 선박 재난들과 비교해 보면, 1970년에 발생한 남영호의 피해보상 금액은 불과 40만 원이었고 1993년에 발생한 서해 훼리호의 사망자 피해보상금이 1억 원 이하였던 것에 반해 세월호 관련 피해 보상액은 단원고 학생 평균 7억 2,000만 원, 단원고 교사 11억 4,000만 원, 일반인 남녀 1억 5,000만 원~6억 원으로 지급된 것으로 추정되고 있다.

세월호 참사 1주기를 맞아 팽목항을 찾아간 그녀가 9명의 미수습자에 대해서도 "가족의 품으로 돌아올 수 있도록 모든 조치를 다 하겠다"고 약속하며 "좌절하지 말자"라고 유족들에게 위로했으나 세월호 참사 국민대책위원회는 "하나 마나 한 소리"라며 참담하다고 성명을 발표하면서 이완구 국무총리의 안산 합동분향소 참배마저 무산시켜 버렸다.

박근혜 정부는 피해자들의 회복을 위한 조치에 나름대로 최선을 다했고, 사고에 대한 사실관계와 책임소재의 진상을 밝혀서 향후 다시 발생할 수도 있는 사회적 참사를 예방하도록 했으며, 안전 관련 규정을 재정비하여 엄격하게 시행하도록 노력을 멈추지 않았다. 그러나 세월호 참사는 그녀에게 너무나 큰 정치적 부담을 안겨 주었고 이후 국회 탄핵 결의와 촛불 집회, 헌법재판소 탄핵 결정에 이르는 과정을 통해 그녀에게 세월호 참사에 대한 무한 책임을 물어야 한다는 식의 가혹한 비난을 남겼다.

세월호 참사는 피해 규모가 엄청난 것이었지만 사실상 해상 조난 사고였다. 과적 상태였던 선체가 맹골수도의 급격한 조류를 만나 하중이 한쪽으로 쏠리면서 침몰한 사고였다. 해방 이후, 우리나라에서 발생한 대형 재난 사고의 대표적인 예는 이리역 폭발 사고, 삼풍백화점 붕괴 사고, 성수대교 붕괴 사고, 남영호 침몰 사고, 서해 훼리호 침몰 사고를 들 수 있다. 그러나 사고의 발생 책임에 대해 대통령에게 이토록 가혹하고 집요하게 그 책임을 물은 사례는 일찍이 없었다.

그러나 야당 정치권과 일부 언론들은 세월호 사건이 마치 무슨 음모에 의해서 발생한 것처럼 오도하였고, 침몰의 원인이 밝혀진 사실과 다르다고 주장하며 사회적 특별조사위원회를 발족했으나 결과가 기존에 밝혀진 것과 크게 다르지 않게 나오자 국회, 감사원, 세월호 선체 조사위원회, 대검 특별수사단, 특검들을 연이어 가동하면서 사고 발생 이후 무려 5년 동안이나 끈질기게 9번의 조사를 이어 갔다.

하지만 결국 최종 발표된 사고원인은 최초에 발표된 내용 그대로였다. 침몰의 원인은 과적과 조류에 의해 선체 하중이 한쪽으로 쏠려서 발생한 것이 명백한데 아무리 조사를 반복해서 해 본들 다른 원인이 있을 리가 만무했다. 그러나 그들이 세월호 조사를 5년이나 계속 이어 간 것은 세월호 참사 분위기를 그대로 이어 가는 것이 그녀의 탄핵과 이후 전개될 상황에 대한 목적 달성을 위해 유효할 것으로 보아 이를 최대한 악용한 것으로 보인다.

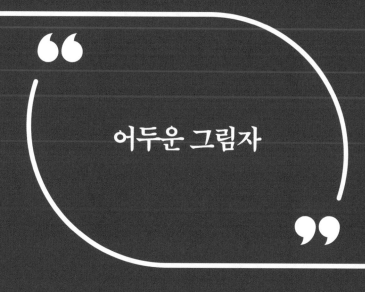

어두운 그림자

노무현 정권 시절 대통령에 대한 탄핵의 역풍으로 한나라당이 위기에 처했을 때 구원투수로 등장한 그녀는 당사를 천막청사로 옮기는 등 위기 극복의 과정에서 김무성을 사무총장으로 임명했다. 부산, 경남지역의 보스 역할을 하면서 비교적 탄탄한 지지 기반을 갖춘 그의 도움이 필요했기 때문이었다. 기대했던 대로 김무성은 특유의 보스 기질을 보여 주면서 소위 말하는 친박당의 좌장 역할을 하면서 그녀에게 큰 힘이 되어 주었다. 또한, 이회창 총재의 참모로 정치에 입문한 유승민 비례대표 의원을 대구 동구의 보궐 선거에 출마하도록 하여 지역구 의원으로 당선되도록 했다. 당시만 해도 대구는 한나라당 깃발만 꽂으면 무조건 당선되던 때였다. 그녀가 유승민을 택한 것은 경제통으로 이론과 전략을 두루 갖춘 그를 중용하여 이후의 대선후보 경선과 본선에 대비하기 위한 전략의 일환이었다.

이후 이명박과의 대선후보 경쟁이 벌어지자 김무성은 박근혜 캠프의 조직총괄본부장을 맡아 혼신의 노력을 다했고, 유승민은 정책 메시지 단장을 맡아 이명박 캠프의 네거티브 공격에 대항하며 MB 검증을 주도했다. 그러나 이명박이 경선에서 승리하고 대통령에 당선되자 당의 주류로 떠오른 MB계가 18대 총선을 앞두고 친박계 배제에 나섰다. 부산 3

선이었던 김무성은 친박계의 좌장이라는 것만으로 공천에서 탈락했지만 굴하지 않고 무소속으로 출마했고 당선되어 다시 당으로 돌아오게 되었다. 그런데 MB계가 그를 특임장관과 원내대표로 추천하는 것을 그녀가 반대하면서부터 두 사람 사이에는 보이지 않는 신경전이 시작되었고 결국, 그는 19대 총선에서 더는 친박이 아니라 하여 공천에서 배제되는 사태로 이어지고 말았다.

두 사람 사이의 갈등은 쉽게 봉합되지 못하고 새로운 친박 의원들이 주류를 형성하게 되면서 김무성을 비롯하여 유승민 등은 원조 친박이라 불리며 친박에서 멀어졌다. 결국, 유승민이 20대 총선 공천에서 배제되었고 이후 김무성이 공천 결과에 불복하여 당 직인을 가지고 부산으로 잠행해 버리는 옥쇄 파동이 벌어졌다. 이 때문에 김무성과 유승민 그리고 그녀 사이의 갈등은 극에 달하게 되었다.

선거를 앞둔 각종 여론 조사에서는 새누리당이 40% 전후, 더불어민주당이 20% 초반의 지지율을 보여 주고 있었다. 그러나 새누리당의 내분 사태에 유권자의 표심이 급격히 이동하면서 선거 결과는 새누리당의 참패로 나타나고 말았다. 총의석수 300석 중 당선자는 더불어민주당이 123석, 새누리당 122석, 국민의당 38석, 정의당 6석, 무소속이 11석이었다. 과반수에서 28석이 모자라는 것과 더불어 제1정당의 자리마저 더불어민주당에 내주게 된 완전한 패배였다.

이제 겨우 임기의 중반을 넘어선 그녀는 그동안 야심차게 추진했던 각종 개혁정책에 대한 동력을 상실하게 되었고 새누리당 내부에서도 친박의 세가 급격히 약화하면서 비박계가 목소리를 높이기 시작했다. 비박계 의원 중에는 그녀의 개혁정책에 반대하는 더불어민주당 지도부와 연대하는 모습을 보여 주면서 소속 정당을 의심하게 만드는 국회의원도 나타나기 시작했다.

혹자는 정치는 생물이라 하였다. 생물은 환경이 변하면 살아남기 위해 자신을 환경에 맞추어 변화시킨다. 그렇지 않으면 변화된 환경으로 인해 자신이 죽게 되기 때문이다. 그들의 머릿속에서 그녀는 어차피 2년 후면 임기를 마치고 사저로 돌아가야 할 사람에 불과했다. 대통령의 임기는 단임에 불과하나 국회의원은 당선만 된다면 임기가 무제한이다. 세비도 엄청나고 누리게 되는 권력과 명예도 세계에서 유래를 찾아볼 수 없을 만큼 최고 수준이다. 게다가 초선보다는 2선, 3선, 4선 등의 다선 의원일수록 중진이라 하여 대접을 받게 되니 이보다 더 좋은 것이 세상에 어디 있단 말인가. 그래서 정치에 입문하게 되면 국회의원 당선을 위해 전 재산을 바치기도 한다. 미래를 보장해 줄 것이라 믿기 때문이다. 그리고 한 번 당선되어 국회의원 배지를 달게 되면 재선, 3선을 향한 달콤한 유혹에 벗어나지 못해 소속 정당을 떠나기도 하고 심지어 자신의 정치생명 연장을 위해서 국민과 국가의 안위를 위한 개혁정책에 반대의 표를 던지는 이도 있었다.

더구나 그녀가 부패방지법인 김영란법을 강력하게 추진하여 마침내 시행하게 되자 국회의원들 사이에서는 긴장감이 엄습하기 시작했다. 김영란법은 대가성과 직무 관련성이 없더라도 100만 원 이상의 금전 수수를 처벌하도록 규정하고 있었기 때문이었다. 더욱이 그동안 관행적으로 용인되어 온 경조비, 지원금, 식대까지도 상한액을 정하여 처벌하도록 하고 있었기 때문에 지역구 관리를 위한 의원들의 활동이 상당한 제약을 받게 된 것이었다.

국회의원들의 지역구 관리는 사실상 그들의 생명줄이나 다름없는 것으로 일부 의원들은 의정활동보다 오히려 지역구 관리를 위한 지역 민원 해결 업무에 치중하는 모습을 보여 주고 있었다. 그러나 민원 업무는 각종 이해가 복잡하게 얽혀 있는 경우가 대부분이고 예산 지원이 따르는 경우가 많아서 청와대의 도움이 필요한 경우가 허다하였다. 그리하여 여당 의원 중 일부 중진의원들은 비서실을 거치지 않고 직접 대통령에게 협조를 요청하기도 했는데 과거 정부와는 달리 박근혜 정부에서는 여당 중진의원이라 하더라도 청탁성 협조 요청에 대해서는 단호하게 물리쳐 버렸고 협조 요청이 계속되면 그들과의 소통을 아예 단절해 버렸다. 때문에, 일부 여당 의원들 모임에서는 "혼자 잘나서 대통령이 되었나. 우리가 만들어 주어서 대통령이 되었는데 정말 너무하네"라는 비아냥거림이 터져 나오기도 하였다.

어쨌든 총선의 참패로 인해 박근혜 대통령 그녀의 레임덕은 예고도 없이 너무 빨리 시작되었고 20대 국회의 시작은 아버지의 처참한 죽음에 직면했을 때 그녀 앞에 펼쳐졌던 어둠의 장막이 다시 펼쳐지게 되는 불길한 징조의 서막이 되어 버렸다.

언론노조와 종편

언론노조는 민주노총 산하의 산업별 노동조합으로 신문사와 방송사의 기자, 아나운서, 기술자, PD, 경영직과 언론 유관 단체, 미디어 사업체의 노동자들이 가입해 있다. 언론노조에 가입한 신문사로는 경향신문, 한국일보, 서울신문, 국민일보, 한겨레신문, 뉴스타파 등이 있고 지방신문사는 경기일보, 인천일보, 경상일보, 영남일보 등이 있다. 방송사는 지상파 3사(KBS, MBC, SBS)를 비롯하여 CBS, TBS, 연합뉴스, YTN, MBN 등이 가입되어 있는데 특히 방송사의 경우에는 여론 형성에 영향력이 큰 방송사들이 대거 가입하고 있어서 이들이 민주노총 산하의 산업별 노동조합으로 한목소리를 내며 투쟁하게 될 때 미치는 영향력의 크기를 가늠할 수가 없고 이 때문에 민주노총은 언론노조의 탄탄한 배경을 무기 삼아 그 세력을 키워 갔다.

언론은 공정과 중립성을 생명으로 여겨야 하며 국내에서 발생하는 현안들을 여과 없이 보도해야 한다. 그러나 언론노조에 가입한 언론사들은 민주노총이 산업별 현장에서 발생한 각종 분규에 대해 탈법적이며 폭력적인 투쟁을 주도하는 사태가 벌어져도 침묵하는 경우가 많아서 초록은 동색이구나 하는 의구심과 더불어 보수 세력들에 의해 강력한 비난의 대상이 되고 있었다.

언론노조의 시작은 편집 및 편성권의 독립과 언론노동자의 노동조건 개선을 위한 것이었다. 이 두 가지가 전제되어야만 비로소 국민의 알 권리를 충족시키는 언론인의 역할과 책임을 다할 수 있기 때문이었다. 그리고 국민의 알 권리 충족은 공정 보도가 전제되어야 한다. 해방 이후 오랜 세월 동안 언론인들은 언론인으로서의 자부와 긍지로 집권 세력과 광고주 등의 압력에 맞서며 공정 보도를 위해 노력해 왔다. 국민의 알 권리에 대한 공정한 보도를 위해 생존의 위협을 감수하면서 투쟁했던 대표적인 사례로『동아일보』의 백지 광고 사태를 들 수 있다. 유신정권에 맞서는『동아일보』를 구하기 위하여 독자들이 십시일반 모은 성금으로 백지 광고를 내주며 결기에 차고 의연한 언론인들을 응원한 것이다. 당시에 수많은 언론인이 결국에는 직장에서 쫓겨나서 길거리로 내몰렸지만, 그들은 이후에도 언론인으로서의 자긍심과 사명감을 잃지 않고 외로운 투쟁의 삶을 계속 이어 갔다.

그러나 세월이 흘러가면서 이런 대쪽 같은 선비정신으로 무장한 언론인의 모습은 어디에서도 찾을 수가 없었다. 수많은 선량한 시민들이 처참하게 죽어 나가는 광주사태가 벌어지는 동안에도 그들은 침묵으로 일관했다. 서슬이 시퍼런 군사정권의 칼날에 맞설 용기가 없었기 때문이었다.

보수정권이 진보정권으로 바뀌고 다시 보수정권이 들어서는 동안에 언론사의 내부에서도 보수세력과 진보세력 간의 치열한 생존 갈등이 시작되었고 민주노총 산하의 언론노조에 대항하는 제2, 제3의 노조가 결성되기도 했다. 그러나 민주노총 산하의 언론노조에 가입한 언론사에서는 심지어 공영방송에서도 언론노조가 사세를 장악하고 있었으며 이사회에서 임명된 경영진의 출근을 봉쇄하여 그들이 원하는 경영진으로 교체시켜 버리는 극렬한 모습을 보여 주기도 했다.

언론사의 이러한 행태를 바라보는 국민의 시선에는 그들이 국민의 알 권리를 위해 투쟁하기보다는 자신들의 사세 확장과 생존을 위하여 투쟁하는 모습으로 비추어지고 있었고 주류인 언론노조에 속하지 않은 상당수의 비주류 언론인들은 그들에게 가해지는 곤경을 이겨 내지 못하고 종편으로 자리를 옮기거나 프리랜서 또는 유튜버로 전향하여 수십 년 동안 몸담았던 삶의 터전을 떠나기도 했다. 또한, 이명박 정부 시절 통과된 미디어법으로 새롭게 등장한 종합편성채널(TV조선, 채널A, JTBC, MBN)은 방송시장에 새로운 지각변동을 일으키고 있었다.

민주당에서는 당시 보수언론으로 일컬어지고 있었던 조·중·동(『조선일보』, 『중앙일보』, 『동아일보』)에 방송사업을 허가해 준 것이라 하면서 '종일토록 편향방송'만 할 것이라고 비난했으나, 종합편성채널의 등장은 지상파 3사에 의한 과점상태를 개선하여 시청자에게 채널 선택권을 넓히고 경쟁체제의 도입으로 지상파의 관료적 경영에 혁신을 기할 수 있으며 수많은 새로운 일자리를 창출해 줄 것이라는 측면에서 시도된 것이었다.

그러나 기대와는 달리 종편의 시청률은 개국 이후 3년 동안 1% 전후에 불과했고 종편 4사의 영업이익은 2013년 2,472억 적자를 기록하고 말았다. 적자가 계속되면서 누적적자가 눈덩이처럼 불어나자 당초 허가 시 약속했던 콘텐츠 투자 이행 비율은 50% 미만으로 극히 저조하게 이행되어 프로그램 질의 향상은 요원한 것이 되고 말았고 광고의 질도 저하되어 주로 암보험, 상조회사, 제2금융권 대출 광고 등을 반복적으로 내보내어 시청자들의 외면은 더욱 깊어지게 되었다. 이러한 상황 속에서 2014년 종편 재심사가 진행되었는데 콘텐츠 투자 비율 미이행 업체들과 지속 경영 가능 여부가 문제가 된 업체들이 대거 탈락 대상으로 떠올랐다.

이처럼 적자경영의 지속과 재심사로 종편들이 위기에 직면하게 되자 그들은 나름대로 각자도생의 길을 가면서 살아남기 위하여 필사의 노력을 기울였다. 이제 종편들은 더는 정부 편에서 종일토록 편파방송을 하는 방송이 아니었다. 정부 정책을 옹호해 주는 것보다는 비판과 견제를 하는 것이 시청률 제고에 도움을 주고 자신들의 입지를 강화하여 종편 재심사에서 탈락을 면할 수 있는 길이었기 때문이었다. 게다가 세월호 참사와 집권 여당의 총선 참패로 박근혜 정부가 곤경에 처하게 되면서 그들의 정부 정책을 향한 비판과 비난은 더욱 가속화되었다.

이후 전개된 최서원의 국정농단 사건 보도 과정에서 그들은 앞장서서, 이후 재판을 통하여 사실이 아닌 것으로 판명된 온갖 억측 보도를 쏟아내기 시작했다. 국민의 관심이 증폭되면서 종편들의 시청률이 갑자기 지상파에 못지않은 수준으로 치솟기 시작했으며 결국에는 그들이 무책임하게 쏟아 낸 보도들로 인하여 호도된 국민이 구름같이 모여들며 광화문 촛불시위가 촉발되었다. 사실이 아닌 왜곡 보도로 야기되었던 광우병 파동을 연상시키는 모습이었다.

"

위기에 강한
박근혜 대통령

"

취임 초 50~60%를 유지하던 국정 지지도가 세월호 참사와 총선 참패로 인해 30% 아래까지 떨어지고 있었지만, 그녀는 취임 초 국민에게 약속한 국가안보와 국민 행복을 위한 개혁을 계속하였다.

또한 그녀에게는 비운에 가신 아버지 박정희 대통령의 유업을 기필코 이루어 내야 한다는 사명감이 있었다. 자주국방을 통한 통일이 그것이었다. 항간에는 박정희 대통령이 미국의 반발에도 불구하고 핵무기 개발을 비밀리에 추진하다가 미 정보당국에 의하여 처참한 최후를 맞이한 것이라는 주장도 있었으며 이러한 주장을 구체적으로 적시했던 소설 『무궁화꽃이 피었습니다』가 선풍적인 관심을 이끌며 베스트셀러에 이름을 올리기도 했다. 소설 내용의 진위를 떠나 아버지의 가슴에는 경제발전과 자주국방만이 국민의 안위를 지킬 수 있다는 신념이 가득 차 있었고, 우리도 결국에는 핵을 보유해야만 북한뿐 아니라 강대국의 틈바구니에서 살아남을 수 있다는 것을 오랜 세월 동안 그의 곁을 지켰던 그녀는 너무나 잘 알고 있었다.

그 뜻을 결국 이루지 못하고 아버지가 떠난 후, 북한은 4차에 걸친 핵실험을 단행하면서 우리를 위협하고 있는 상황이 되어 버린 것이다. 그러나 박근혜 대통령은 거듭되는 북한의 위협에 늘 당당하게 맞서며 개성공단 폐쇄, 대북 확성기 방송 재개, 사드 배치 등의 일련의 조치들을 일관되게 추진하였다.

아울러 그녀는 2015년 12월로 다가온 전시작전권 회수를 무기한 연기하도록 조치하였다. 전시작전권 회수는 노무현 정부에 의해 추진되었으며 전시의 작전권을 한미연합사령관에서 한국 합참의장에게 전환하도록 한 것인데, 자주권 확보라는 미명에 매달려 한·미 공조 체계를 근본적으로 위협할 수 있어서 당시에도 3대 전환조건이라는 단서를 전제로 하고 있었다. 3대 전환조건은 한·미 연합방위를 주도할 수 있는 한국군의 핵심능력 확보, 북한의 핵, 미사일 위협에 대한 우리 군인의 필수능력 구비, 전작권 전환에 부합하는 한반도 및 지역 안보 환경이었다. 이 중 어느 조건 하나 충족하지 못하고 있는 우리의 열악한 국방환경과 거듭되는 북한의 핵 위협이 계속되는 상황에서 전시작전권 회수를 무기한 연기시킨 당시 그녀의 결정은 너무나 당연한 조치였다고 할 수 있다.

또한, 그녀는 반도 국가라는 지정학적 위치로 인하여 한·미·일 3국과 중국, 러시아, 북한의 팽팽한 긴장 관계가 계속되고 있는 상황을 타개하기 위해서는 무엇보다도 한·미·일의 공조가 긴요하다고 생각하고 있었다.

다행히 민주당이 정권을 잡았던 시절과는 달리 미국과는 긴밀한 동맹관계가 유지되고 있었으나 위안부 문제와 소녀상 철거 문제로 인해 취임 이후 일본과는 대화가 단절된 껄끄러운 관계가 이어졌다. 안보뿐만 아니라 경제발전을 위해서도 양국은 긴밀하게 협력해야 한다는 것은 자명한 일이었기 때문에 그녀는 국가안보와 경제발전을 위해 임기 이내에 일본과의 관계를 개선하기로 하였다. 그러나 한 · 일 청구권 협정에 따라 이미 모든 문제가 청산이 완료되었다는 일본의 입장은 의외로 완강했다. 그녀는 외교적인 노력으로 일본을 압박하기 시작했다. 독일 메르켈 총리, 영국 엘리자베스 여왕을 비롯한 각국 정상들과의 회담에서 위안부 만행을 역설하였고, UNESCO에도 협력을 요청했다. 일본에 대한 해외 여론의 분위기가 나빠지면서 궁지에 몰리게 된 일본 정부는 박근혜 정부에게 협상을 타결하기 위한 회담을 제안하게 되었고 양국은 2015년 12월 8일, 일본군 위안부 문제를 최종적으로, 불가역적으로 종결하였음을 선포하게 되었다.

일본 총리가 위안부 문제에 대해 공식으로 사과를 표시한 것은 처음 있는 일이었다. 또한, 일본이 국가 예산에서 10억 엔을 보상하기로 한 것은 사실상 일본 정부가 위안부 문제에 대한 책임을 간접적으로 인정했다고 볼 수도 있었다. 그녀는 피해보상 문제에 대한 일본의 자세가 너무 미흡하다고 생각하고 이에 대한 보완을 협상단에 요청했다. 그러나 극우 세력들의 격렬한 반대 여론에 시달리고 있었던 일본 정부 입장도 고려해 주어야 했다. 협상은 상대가 있으므로 서로의 입장이 고려되지 않고서는 합의에 이를 수가 없었다. 결국, 그녀는 합의문에 서명했다. 북한의 핵 위협이 거듭되고 있는 상황에서 한 · 미 · 일의 공조가 시급했고 아픈 과거사를 극복하고 동반자적 관계의 길로 가는 것은 양국의 미래

지향적 발전을 위해서 반드시 가야 할 길이었기 때문이었다.

　미국 정부도 소원했던 양국이 협력적 동반관계로 가기로 한 결정에 대해 적극적인 지지를 보내며 동북아시아에서 한·미·일의 공조 관계가 더욱 긴밀히 결속되고 발전될 것이라 밝혔다. 하지만 민주당 대표 문재인은 일본과의 '위안부합의'는 국회의 동의가 없었기 때문에 무효라고 선언했고 이후 대선 과정에서 '위안부합의 무효'를 공약으로 내걸어 버렸다. 그러자 일본의 극우 세력들이 양국 정부가 불가역적이라 합의했음에도 불구하고 야당 대선 주자가 합의 무효를 공약으로 공공연히 내세우는 한국을 신뢰할 수가 없다며 이제 한국은 더는 협상파트너가 될 수 없다고 맹공을 퍼붓기 시작했다. 이후, 그녀의 탄핵으로 문재인이 대통령에 당선되자 한일 관계는 위안부합의 이전보다 더 깊은 수렁으로 돌아가고 말았으며 양국의 동반적 협력관계는 더욱 요원한 것이 되고 말았다.

　2016년 9월 9일 북한은 10kt로 추정되는 역대 최대 규모의 핵실험을 단행하였다. 불과 한 달 전에 주영 영사 태영호가 한국으로 망명해 버렸고 외화벌이에 나선 식당 종업원들과 다수의 북한 주민들이 김정은 체제에 반발하여 탈북하는 사태가 확산되고 있었던 상황이었다. 당시 북한은 핵실험을 통해 내부 결속을 기하고 대내외에 핵 보유에 대한 강력한 의지를 천명할 필요가 있었다. 그녀는 계속되는 북한의 핵 위협에 따라 제재와 UN 결의만으로는 한계가 있음을 절감하게 되었다. 6자회담에 기대를 거는 것도 요원한 기다림이었다. 중국은 북한이 실전배치 가능한 핵을 보유하더라도 북한이 체제를 유지하는 것이 그들에게 유리할 것이라는 행보를 보여 주고 있었기 때문이었다.

 그녀는 북한의 핵 위협에 대응하는 가장 강력한 무기는 그들이 체제에 대한 불안을 느끼게 하여 스스로 협상의 길에 나서게 해야겠다고 생각했다. 만일 우리 정부와 국민이 혼연일체 되어 탈북하는 북한 주민들을 적극적으로 지원하고 뜨거운 가슴으로 안아 줄 것이라는 확신을 주면 순식간에 베를린 장벽이 무너지면서 통일을 이룩한 독일의 역사가 우리나라에서도 얼마든지 재현될 수도 있었기 때문이었다. 그녀는 이제 얼마 남지 않은 임기 동안 핍박받는 북한 주민들을 우리가 따뜻하게 안아 주면서 통일의 초석을 까는 일에 매진하기로 굳게 결심하게 되었으며 다음 달 열린 국군의 날 기념식에서 북한의 주민들을 향해 다음과 같이 강력한 메시지를 발표하였다.

 "북한 군인과 주민 여러분! 우리는 여러분이 처한 참혹한 실상을 잘 알고 있습니다. 인류 보편의 가치인 자유화 민주 인권과 복지는 여러분이 누릴 수 있는 소중한 권리입니다.
 여러분 모두가 인간의 존엄함을 존중받고 행복을 추구하며 살아갈 수 있도록 최선의 노력을 다하겠습니다.

 북한 주민 여러분이 희망의 삶을 찾을 수 있도록 길을 열어 놓을 것입니다.
 언제든 대한민국의 자유로운 터전으로 오시기를 바랍니다."

민주당은 그녀의 이러한 연설에 대해 '외교적 선전포고'라는 표현을 동원하면서 강력한 비판에 나섰다. 북한 정권의 심기를 건드리는 매우 위험한 연설이라는 것이었다. 그러나 거듭되는 북한의 핵 위협 앞에서 언제까지나 유화적으로 협상테이블에 나서라는 주장만을 되풀이하고 있어야 할까. 불행하게도 그녀의 통일을 위한 담대하고 결의에 가득한 이 연설은 바로 탄핵 사태가 진행되면서 빛을 보지 못하고 공허한 메아리로 사라지고 말았다.

만일, 그녀에 대한 불행한 사태가 도래하지 않았고 잔여 임기가 계속되면서 정부와 우리 국민, 그리고 언론과 시민단체들이 한마음으로 힘을 모아 핍박받는 북한 주민들을 따뜻하게 우리의 품으로 안아 주는 전폭적인 노력을 계속했다면 그녀의 담대한 연설은 통일을 위한 역사에 한 획을 긋는 위대한 연설로 남을 수도 있었을 것이다. 탈북 사태가 정점을 향하고 있었던 당시의 북한 내부 사정으로 미루어 봤을 때 그녀의 연설은 북한 주민들에게 대량 탈북을 초래하는 기폭제로 작용할 수도 있었기 때문이다. 베를린 장벽의 붕괴도 계획된 것은 아니었다. 어느 날 갑자기 돌발적으로 시작된 것이 갑자기 쓰나미를 이루면서 거대한 장벽이 송두리째 무너지게 되었고 그 바탕 위에 통일 독일이 태어나지 않았던가.

"

국정농단?

"

그녀의 국군의 날 행사 연설 이후 불과 한 달도 지나지 않은 2016년 10월 24일, JTBC는 저녁 9시 'JTBC 뉴스룸'에서 "최서원, 대통령 연설문 수정 파문"이라는 제하에 소위 '최서원 국정농단'에 대한 첫 보도를 내보냈다. 앵커인 손석희는 JTBC 취재팀이 최서원의 태블릿 PC 파일을 입수해서 분석했다고 말하며 최서원이 박근혜 대통령의 연설문을 사전에 받았고 연설 이전에 받은 파일이 44개나 된다고 하면서 수정된 부분을 알리는 '드레스덴 연설문'을 비추고 있었는데 마치 화면 전체가 붉은 글씨로 물든 것처럼 보였다.

'드레스덴 연설'은 그녀가 취임 1주년을 맞아 독일을 방문하던 중, 드레스덴에서 남북한 주민의 인도적 문제 해결, 남북한 공동 인프라 구축, 남북 동질성 회복 등 평화통일 기반 구축을 위한 3대 제안을 북한에 전달한 것으로 연설문의 원고는 국가의 주요 정책에 대한 것으로 공식적인 라인이 아닌 비선이 접하면 안 되는 기밀문서에 해당했다. 그러나 최서원이 사전에 이를 받아 수정했고 대통령은 수정된 내용 그대로 읽어내렸다니 그러면 대통령 위에 최서원이 있다는 것이 아닌가.

이 같은 JTBC의 보도를 접한 사람들의 눈에는 붉은 글씨가 넘치는 연설문 화면이 충격적으로 각인되면서 모두 멘탈 붕괴 상태에 빠지고 말았다. 무려 1,577만 명이라는 과반수의 대한민국 유권자들이 표를 주어 대통령에 당선시켜 국정을 수행하도록 하였는데 대통령 위에 비선 실세인 최서원이 국정을 농락하고 있었다니 도대체 어떻게 이런 일이 있을 수가 있는가. 그런데 이렇게 온 나라를 충격 상태에 빠트린 엄청난 내용의 방송을 내보내면서도 JTBC는 핵심 증거인 태블릿 PC의 입수 경위와 최서원이 직접 연설문을 수정했다는 구체적 물증에 대해서는 함구해 버렸으며 이 방송 보도로 인해 결국에는 탄핵 사태를 맞이하게 된 그녀에 대해 어떠한 반론 기회도 제공하지 않았다. 방송은 절대적으로 공정성을 전제로 한 것이어야 한다. 편파적인 보도로 인해 피해를 볼 수 있는 당사자에게 방송 내용에 대한 충분한 반론의 기회를 주고 이를 동시에 보도하여 억울한 피해자가 나오지 않도록 하는 것은, 공정성 이전에 언론 보도에 있어서 당연히 수행되어야 할 언론의 의무이기도 하다. 그러나 어찌 된 셈인지 한 나라의 대통령에 대해 국정농단이라는 전대미문의 올가미를 씌우는 엄청난 보도가 진행되는 동안 그들은 단 한 번도 이에 대한 반론의 기회를 제공하지 않았고, 태블릿 PC의 소유자는 최서원이고 그녀가 대통령의 연설문을 사전에 받아서 수정한 이후에야 비로소 대통령이 연설문을 발표했다는 것이 국민 모두에게 기정사실이 되어 일파만파로 퍼져 나가도록 만들어 버린 것이다.

그러자 'JTBC 뉴스룸' 시청률은 8%대로 폭증하면서 지상파 3사를 3% 이상 따돌리기 시작했고 이에 고무된 제작진들은 최서원 주변 인물 고영태 등에 관한 인터뷰 기사, 최서원의 딸 정유라의 이화여대 부정 입학 의혹 및 승마 지원, 각종 인사 비리, 해외 재산 도피 등에 대한 후속 보도를 기다렸다는 듯 쏟아 내기 시작했다.

그러나 이후 진행된 그녀의 재판 과정에서 해당 태블릿 PC에는 문서의 편집 기능이 없다는 사실이 밝혀지고 말았다. JTBC 측에서도 이를 알고 있었음이 당시 취재팀장의 증언으로 밝혀졌음에도 불구하고 관계자들은 최서원이 연설문을 사전에 받아 보았다고 방송했을 뿐이지 해당 태블릿 PC로 연설 내용을 수정했다는 방송은 하지 않았다는 억지 주장을 되풀이하였다. 이들의 주장대로라면, 방송 당시 내보낸 '최서원, 대통령 연설문 수정 파문'이라는 자막과 드레스덴 연설문 수정화면을 내보낸 것을 바라보는 시청자들이 최서원이 직접 해당 태블릿 PC로 수정한 것이라고 속단했다는 말인가. 설령 그렇다고 해도 그렇게 속단하도록 국민을 유도하고 탄핵 사태를 야기한 막중한 책임을 과연 비켜 갈 수 있을까?

그렇다면 도대체 최서원의 태블릿 PC에 수록된 44개의 연설문과 수정 파일의 실체는 무엇이란 말인가? 이에 대해 그녀의 탄핵 재판이 이루어지는 동안 탄핵 무효의 실증을 위해 앞장섰던 우종창 기자는 자신의 저서 『대통령을 묻어버린 거짓의 산』에서 다음과 같이 서술하고 있다.

"JTBC 보도에 나타난 태블릿 PC의 개통자는 대통령 선거 당시 박근혜 후보의 대선 캠프에서 SNS 팀장을 맡았던 김한수이며 2012년 6월 22일 오후 12시 5분에 개통하였다. 박근혜 대통령의 대선 선거운동 기간이었다.

검찰 포렌식 결과 이 PC에는 대통령 후보 기간 동안 각종 유세문 등 44건의 연설문이 수록되어 있었고 동 문건들은 아이디 zixi9876가 자신에게 다시 발송한 것으로 아이디를 공유하는 사람들이 모두 내용을 볼 수 있도록 만든 공용 메일로 일종의 카톡의 사랑방과 같은 것이다. 이 메일을 공유한 사람들은 이춘성 보좌관, 안봉근 비서, 이재만 비서, 최서원, 김휘종, 김한수로서 대통령 선거기간 동안 모두 대선 캠프의 일원으로서 참가한 사람들이다.

문제가 된 드렌스덴 연설문은 대통령의 독일 순방 기간동안 그녀를 수행하였던 김한수가 작성한 기행문에 포함된 것으로 정호성 비서관에게 최종 보고된 것이다. 대통령 연설문은 해당 담당 부서에서 작성한 것을 대통령이 검토 후 수정요청이 있으면 정호성 비서관이 이를 받아서 다시 작성 부서에 수정을 요구하고 완성된 최종 수정본을 대통령에게 제출하도록 하였는데 드레스덴 연설문의 경우에는 사안의 중대성을 의식하여 대통령이 단어 하나 토씨 하나에도 거듭 수정을 지시하여 당초의 연설문에 수정된 부분이 붉은색으로 표시되어 붉게 물들어 보였던 것이다. 뿐만 아니라 검찰의 포렌식 결과로 재판부에 제출한 138건의 문건 중에 드레스덴 연설문은 빠져 있었다. 검찰이 최서원이 태블릿 PC로 연설문을 읽었다거나 수정한 확증을 찾을 수 없었기 때문이었다."

우종창 기자의 설명대로라면 JTBC 방송에서 보여 준 드레스덴 연설문의 수정 화면은 최서원에 의해 수정된 것이 아니고 연설문 수정의 최종 책임자인 정호성이 수정 작업을 한 후 수정된 원고를 그대로 공용 메일에 수록한 것이라 결론지어진다. 만약 JTBC가 이 같은 반론 제기에 대비해 실제로 수정한 사람이 누구였는지 조금이라도 검증 작업을 시행했다면 최서원이 연설문을 수정하지 않았다는 것을 쉽게 규명할 수 있었을 것이다. 그런데 왜 그들은 평소에 최서원이 자랑스럽게 말했다는 "내취미는 대통령의 연설문을 고치는 것이다"라는 고영태의 황당한 주장을 내세우며 국정농단의 프레임을 이어 나갔을까.

JTBC의 보도로 인한 파장은 걷잡을 수 없을 만큼 확산하기 시작했다. 탄핵을 요구하는 광화문의 촛불시위가 날이 갈수록 엄청난 규모로 커지고 있었고 미르·K스포츠재단의 경쟁적 후속 보도가 이어지고 국회에서 탄핵 결의가 진행되었다. 이런 일련의 과정을 지켜보면서 탄핵에 앞장선 종편들은 내심 박근혜 정부를 이미 기울어진 운동장으로 간주해 버리고 차라리 새로 들어설 정부에서 그들의 입지를 강화하는 것이 적자경영에서 벗어나고 재심사에서 탈락을 면하는 길이라고 생각하고 있었던 것이 아닐까 하는 의문을 지울 수가 없다.

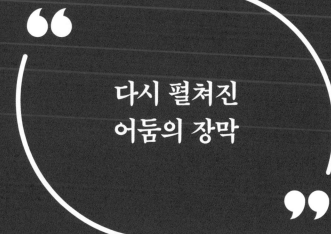

다시 펼쳐진
어둠의 장막

대통령이 되어 청와대로 다시 돌아온 지도 어느덧 3년 하고도 7개월의 시간이 지났다. 그야말로 날아가는 화살처럼 순식간에 흘러가 버린 시간이었다. 그녀는 국민과 약속을 지키기 위해서는 아직도 해야 할 일들이 너무도 많은데 야속하게 시간이 너무 빨리 흘러가 버렸다고 생각하고 있었다. 매일 아침, 눈을 뜨면 비서실에서 올라온 하루의 일정표를 한 손에 들고 양치질을 하며 하루를 시작했다.

10분 단위로 쪼개진 일정표에서 자신에게 주어지는 시간은 겨우 식사 시간과 행사 참석을 위한 준비시간에 머리를 손보는 시간 정도였다. 빡빡한 일정표에 맞춰 움직이는 동안에도 그녀의 손에는 늘 연설문 원고와 서류들이 들려 있었고 무언가 생각이 떠오르면 수첩에 메모하는 것이 습관처럼 되어 있었다. 하루의 일정을 마무리하고 관저로 돌아오는 시간에도 그녀의 손에는 서류 봉투가 가득했다. 관저에 돌아와도 그녀를 따뜻하게 맞아 줄 남편도 사랑스러운 자식도 없이 혼자만의 시간을 보내야 했기 때문이었다.

어느 날이었던가, 모처럼 주어진 여유로운 시간에 그녀는 노부부의 사랑 이야기를 담은 영화 '워낭소리'를 보다가 눈물을 흘리기도 했다. 작품 속에 그려진 할머니, 할아버지의 사랑 이야기가 너무나 애틋하여 워낭소리가 그녀의 가슴에서 메아리처럼 들려왔기 때문이었다. 그러나 그녀는 이내 마음을 가다듬으며 흐르는 눈물을 주체하였다. 청와대로 오기 전에 국민에게 자신이 대한민국이라는 신랑을 맞이하여 죽는 날까지 사랑하겠다고 보냈던 청첩장이 떠올랐기 때문이었다. 그래도 매년 10월 찬바람이 불어오기 시작할 즈음이면 그녀에게도 무언가 설명할 수 없는 차가운 기운이 밀려들면서 혼자서 외롭게 걸어가야 하는 삶의 무게가 무겁게 가슴을 누르곤 했다. 비운에 떠난 아버지 박정희 대통령의 기일이 바로 10월 26일이었기 때문이다.

아버지의 기일을 불과 이틀 앞둔 그날, 박근혜 대통령 그녀는 숨 가쁜 일정을 마치고 관저로 돌아와 저녁 후, 무심코 TV 채널을 돌리다가 소스라치게 놀라고 말았다. 'JTBC 뉴스룸'이 "최서원, 대통령 연설문 수정 파문"이라는 제하의 뉴스를 내보내고 있었기 때문이었다. 도대체 이게 무슨 소리인가. 최서원이 드레스덴 연설문을 수정했다고? 다운받은 연설문이 44개라니, 도대체 무엇을 근거로 저런 황당한 방송을 내보내는 것일까.

그녀는 정제된 언어를 사용하는 것으로 널리 알려져 있었다. 이 때문에 연설문 초안이 올라오면 단어 하나, 토씨 한 자까지 수정하고 또 수정을 요청하는 사례가 빈번했다. JTBC가 방송에 사용한 드레스덴 연설문은 향후 대북정책의 기반이 될 것이었기 때문에 그녀가 심혈을 기울여 수정에 수정을 거듭 요청하여 완성되었고 수정 작업은 정호성 비서관이 주관하여 최종 완성된 것이었다. 그런데도 방송 내용은 마치 최서원이 연설문을 수정 완료하면 대통령이 그것을 받아서 토씨 하나 틀리지 않게 읽어 내려갔다고 오해할 수 있을 만큼 황당한 내용으로 진행되고 있었다.

최서원은 최순실의 개명된 이름으로 그녀보다 네 살 아래였다. 청와대를 떠나서 신당동으로 돌아간 그녀가 세상 물정에 어두워 누군가의 도움이 절실했던 어려운 시절, 곁에서 꿋꿋하게 그녀를 지켜 준 인연으로 대통령에 취임한 후까지 그녀의 사적인 심부름을 도맡아서 수행했다. 항간에는 그러한 최서원이나 이혼한 최서원의 전남편 정윤회가 비선 실세라는 소문이 떠돌기도 했지만, 최서원은 그녀의 대쪽같이 청렴하고 강직한 성품을 누구보다 잘 알고 있었다. 게다가 대통령 재임기간 동안 유일한 혈족인 지만, 근령과의 교류마저 단절하고 지낼 것이라 했고 그것이 자신을 향한 무언의 경고임을 명심하여 정무에 개입하는 발언을 일절 삼가고 있었던 터였다.

그러나 JTBC의 태블릿 PC 보도 이후 경쟁적으로 쏟아지는 보도들은 사태를 수습할 수 없는 파국으로 몰아가기 시작했다. 여당 성향이라고 알려진 방송사인 TV조선조차 고영태의 의상실에서 청와대의 이영선 행정관이 최서원의 휴대전화를 셔츠로 조심스레 닦아서 공손하게 건네는 모습을 방영하면서 국민에게 감정적으로 그녀가 비선 실세라고 느끼게 만드는 모습을 연출하였다. 오래전에 계획적으로 비밀리에 설치하여 녹

화된 화면이었는데 때를 기다리고 있다가 드디어 때가 와서 공개했다고 TV조선의 이진동 기자는 그가 쓴『이렇게 시작되었다』에서 무용담처럼 서술하였다.

계속 쏟아지는 최서원의 비선 실세 국정농단의 보도에 반신반의하고 있던 민심이 싸늘하게 그녀를 외면하기 시작한 것은 최서원의 딸 정유라의 이화여대 부정 입학을 알리는 보도가 시작되면서부터였다. 정유라가 아시안게임 승마 경기에서 금메달을 획득한 것을 내세워 최서원이 이화여대에 압력을 행사해 딸을 체육특기자로 부정 입학시켰다는 것이었다. 자녀의 대학 입학 문제는 국민 모두 민감하게 반응하면서 적극적으로 관심을 표출하는 중대한 사안이었다. 때문에 '최서원의 딸 이화여대 부정 입학' 보도는 국민에게 상대적 박탈감을 폭발시키는 뇌관이 되어 탄핵정국을 강타해 버렸다. 사태가 일파만파로 커지는 것을 지켜보면서 그녀는 김재규의 총에 맞아 아버지가 사망했다는 비보를 접했던 날 새벽에 펼쳐졌던 어둠의 장막이 또다시 그녀 앞에 펼쳐지고 있다는 불길한 예감을 지울 수가 없었다. 이 때문에 그녀는 쏟아지는 국정농단 의혹 보도들에 대해 조목조목 반론을 제시하고 싶었지만, 사태를 일으킨 최서원의 행위에 대해 사과하는 방향으로 사태를 수습하기로 하면서 대국민 1차 사과문을 발표하게 되었다.

"존경하는 국민 여러분, 최근 일부 언론 보도에 대해 국민 여러분께 제 입장을 진솔하게 말씀드리기 위해 이 자리에 섰습니다. 아시다시피 선거 때는 다양한 사람들의 의견을 많이 듣습니다.

최순실 씨는 과거 제가 어려움을 겪을 때 도와준 인연으로 지난 대선 때 주로 연설이나 홍보 등의 분야에서 저의 선거운동이 국민들에게 어떻게 전달됐는지에 대해 개인적인 의견이나 소감을 전달해 주는 역할을 했습니다. 일부 연설문이나 홍보물도 같은 맥락에서 표현 등에서 도움받은 적 있었습니다.

취임 후에도 일정 기간 동안 일부 자료들에 대해 의견 물은 적은 있으나 청와대 보좌체계가 완비된 이후에는 그만뒀습니다.

저로서는 좀 더 꼼꼼하게 챙겨 보고자 하는 순수한 맘으로 한 일인데 이유 여하를 막론하고 국민 여러분께 심려 끼치고 놀라고 마음 아프게 해 드린 점에 대해 송구스럽게 생각합니다.

국민 여러분께 깊이 사과드립니다."

그러나 이미 싸늘하게 돌아서 버린 민심을 달래기에는 역부족이었다. SNS와 유튜브를 통해 정유라는 사실상 박근혜 그녀의 숨겨진 딸이라는 주장, 최서원의 아버지 최태민과의 내연 관계설, 최서원의 은닉재산이 약 10조에 달하며 이는 스위스 은행 계좌에 보관되어 있는데 사실상 박근혜 그녀와의 공동재산이라는 주장들이 그럴듯하게 포장되어 무책임하게 유포되었다. 여기에 기름을 부은 것은 민주노총 언론노조에 가입한 언론사들의 보도 행태였다. 그들은 박근혜 정권은 이미 끝났다고 판단해서인지 탄핵 이후, 재판에서 사실이 아닌 것으로 판명된 의혹 기사들을 거리낌 없이 보도하면서 한목소리로 그녀를 비방하는 기사를 쏟아냈고 그들의 모태인 민주노총도 촛불 집회를 주도하면서 대통령을 탄핵 위기로 내몰기 시작했다.

"

촛불 집회와
광화문 광장

"

그녀가 추진한 철도 민영화와 성과연봉제 도입에 반대하는 철도 노동자들이 청계천에서 반대 시위를 끝내고 광화문으로 대거 몰려들었다. 그들이 외치는 "박근혜는 퇴진하라!", "박근혜는 하야하라"는 구호가 광화문을 덮어 버리면서 '모이자! 분노하자! 내려와라! 박근혜 시민 촛불대회'는 대국민 사과 발표에도 불구하고 10월 29일 시작되어 이듬해 3월 28일까지 무려 148일 동안이나 계속되었다.

민주노총과 한국진보연대. 민주사회를 위한 변호사 모임, 세월호 관련 단체, 전국농민회, 여성 단체연합, 환경단체, 참여연대, 한국 청년연대, 한국기자협회 등이 '박근혜 정권 퇴진 비상 국민회의' 상임위원회를 조직하여 초기의 촛불 집회를 주도했는데 이후 민주당, 사회변혁노동자당, 정의당, 민중당 등의 정치세력이 합세하였고, 그녀가 단호하게 밀고 나간 공기업 혁신, 교육 혁신, 사드 배치, 노동 관련 5법의 개정에 반대하는 각종 단체가 대거 참여하면서 주최 측이 1,500개 단체라고 주장하는 '퇴진 행동'으로 바뀌었다. 이후부터는 집회의 규모와 세가 불어나기 시작했는데 3차 집회에는 100만 명이 모여 촛불을 들었다고 주장하였으나 경찰이 발표한 추산 인원은 26만이었다.

투쟁하는 목적과 이해가 각양각색인 단체와 협회, 정당들이 어지럽게 얽혀서 집회를 주최하고 있었지만 수십만에 이르는 시위참여자들을 일사불란하게 통제하면서 '박근혜 퇴진'을 향하여 한목소리를 내도록 한 것은 민주노총이 사실상 촛불 집회를 주도하고 있었기에 가능했다. 그들은 오랜 세월 동안 노동조건 개선을 위한 대규모 항쟁을 이어 오고 있었기 때문에 대규모 집회를 일사불란하게 통제하고 집회의 규모를 확대할 수 있는 그들만의 세련된 지침을 가지고 있었다. 이뿐만 아니라, 왜곡된 보도로 결론이 나면서 무위로 끝나 버리긴 했지만, 광우병 사태 때 얻은 소중한 교훈을 통하여 집회에 앞선 사전행사가 그 집회의 성패를 좌우할 수 있다는 것을 잘 알고 있었다. 그들은 매번 집회에 앞서 유명 가수나 연예인들을 대거 출연시켜 치밀하게 사전 행사를 진행하였다. 학생 및 청년들과 일반 시민들이 시민문화제에 참여하는 들뜬 마음으로 광화문으로 모여들게 만들어서 축제와 성토가 동시에 이루어지도록 했고 결국, 광화문 일대의 밤하늘을 거대한 촛불의 물결로 출렁이게 만들어 버렸다.

그들은 청와대까지 진격하여 '박근혜 퇴진'을 외치려고 했지만, 경찰이 이를 불허하여 방어선을 구축하자 법원에 부당함을 주장하며 가처분신청을 하였다. 그런데 뜻밖에 법원이 가처분신청을 인용하는 바람에 효자동 앞까지 진출하게 되었고 구호도 '박근혜 당장 내려와라!'라고 바꾸어 버렸다.

이렇게 광화문 집회의 규모가 걷잡을 수 없게 커지며 방송 화면을 연일 뒤덮는 모습을 바라보는 박근혜 대통령은 불과 일주일도 안 되는 사이에 몹시 야윈 모습으로 변해 있었다. 외부 공식행사를 일체 미루어 놓은 채 각료들과 당정협의회에서 대책을 논의하고 있었지만, 참석자들조차 대세가 이미 기울어 버렸다고 생각하고 있는 듯한 분위기를 직감할 수 있었다. 심지어 국회의 분위기도 무언가 이미 퍼즐을 만들어 놓고 하나둘씩 그 퍼즐을 맞추어 나가는 듯 보였는데 일부 여당 의원들이 이에 가세하는 듯한 모습을 보여 주었다. 박정희 대통령의 갑작스러운 서거 이후 갑자기 혈혈단신 혼자가 되어 버린 그녀를 더욱 절망하게 만든 것은, 순식간에 그녀 곁을 떠나고 이후에 신군부 세력에 협조하여 아버지를 독재자라고 비난하는 데 앞장선 사람들이었다. 살아남기 위해서라고 생각하면서도 그녀는 갑자기 변해 버린 냉정한 현실에 처연한 가슴을 감싸야만 했다. 그런데 지금 진행되는 상황이 바로 그런 모습이었다.

대통령에 당선되어 청와대로 돌아온 이후의 시간은 오로지 국가의 안위와 국민의 행복만을 위하여 숨 가쁘게 달려온 시간이었다. 그리고 역대 정권이 이루지 못한 개혁을 이루기 위해 지지율에 영합하지 않고 독불장군과 불통이라는 비난을 감수하면서 강하게 개혁정책들을 추진한 그녀였다. 그렇게 하는 것이 미래세대와 국민의 행복을 위한 길이라고 굳게 믿고 있었기 때문에 그녀는 휴일도 잊어 가며 국정에 매달릴 수 있었다. 통치자금을 부정한 수단으로 모아 그 돈으로 언론을 길들이고 우군 정치세력을 키워 가면서 정권을 유지했던 잘못된 정치 행태를 바로 잡고자 온갖 협박과 유혹을 단호히 거절하면서 물리쳐 온 그녀가 아니었던가. 국가의 성장동력인 문화 융성 사업을 위해 시도한 K스포츠, 미르재단이 뜻밖의 최서원의 주변 세력들로 인하여 잡음을 일으켰지만 이러한 사업들은 그녀가 대통령에 당선되기 전에 이미 대선 공약으로 국민에게 약속한 사업이 아니었던가.

그녀는 국민을 향해 이러한 사실들을 진솔하고 조목조목 차분하게 설명하고 싶었다. 그러나 언론노조로 뭉친 방송과 신문들이 합심하여 그녀를 최서원의 꼭두각시로 만들어 버렸고 이에 분노한 민심이 광화문의 거대한 촛불로 이어지고 있는 마당에 이러한 내면을 국민에게 호소한들 그것은 오히려 역풍을 만들어 그녀를 더욱 처참하게 만들어 버릴 것 같았다. 이 때문에 그녀는 정말로 국민에게 호소하고 싶은 애절한 심정을 깊이 감춘 채 모든 것을 그녀의 잘못으로 돌리는 대국민 사과문을 다시 한번 발표하기로 했다.

"존경하는 국민 여러분,
먼저 이번 최순실 씨 관련 사건으로 이루 말할 수 없는 큰 실망과 염려를 끼쳐 드린 점 다시 한번 진심으로 사과드립니다.
무엇보다 저를 믿고 국정을 맡겨 주신 국민 여러분께 돌이키기 힘든 마음의 상처를 드려서 너무나 가슴이 아픕니다.
저와 함께 헌신적으로 뛰어 주셨던 정부의 공직자들과 현장의 많은 분 그리고 선의의 도움을 주셨던 기업인 여러분께도 큰 실망을 드려 송구스럽게 생각합니다.

국가 경제와 국민의 삶에 도움이 될 것이라는 바람에서 추진된

일이었는데 그 과정에서 특정 개인이 이권을 챙기고 여러 위법 행위까지 저질렀다고 하니 너무나 안타깝고 참담한 심정입니다.

이 모든 사태는 모두 저의 잘못이고 저의 불찰로 일어난 일입니다. 저의 큰 책임을 가슴 깊이 통감하고 있습니다.

어제 최순실 씨가 중대한 범죄혐의로 구속됐고 안종범 전 정책조정수석이 체포되어 조사를 받는 등 검찰 특별수사본부에서 철저하고 신속하게 수사를 진행하고 있습니다.

앞으로 검찰은 어떠한 것에도 구애받지 말고 명명백백하게 진실을 밝히고 이를 토대로 엄정한 사법처리가 이뤄져야 할 것입니다.

저는 이번 일의 진상과 책임을 규명하는 데 있어서 최대한 협조하겠습니다. 이미 청와대 비서실과 경호실에도 검찰의 수사에 적극 협조하도록 지시했습니다.

필요하다면 저 역시 검찰의 조사에 성실하게 임할 각오이며 특별검사에 의한 수사까지도 수용하겠습니다.

국민 여러분,

저는 청와대에 들어온 이후 혹여 불미스러운 일이 생기지는 않을까 염려하여 가족 간의 교류마저 끊고 외롭게 지내 왔습니다.

홀로 살면서 챙겨야 할 여러 개인사들을 도와줄 사람조차 마땅치 않아서 오랜 인연을 갖고 있었던 최순실 씨로부터 도움받게 됐고 왕래하게 됐습니다.

제가 가장 힘들었던 시절에 곁을 지켜 주었기 때문에 저 스스로 경계의 담장을 낮췄던 것이 사실입니다.

돌이켜보니 개인적 인연을 믿고 제대로 살피지 못한 나머지 주변 사람들에게 엄격하지 못한 결과가 되고 말았습니다.

저 스스로 용서하기 어렵고 서글픈 마음까지 들어 밤잠을 이루기도 힘이 듭니다.

무엇으로도 국민들의 마음을 달래 드리기 어렵다는 생각을 하면 내가 이러려고 대통령을 했나 하는 자괴감이 들 정도로 괴롭기만 합니다.

국민의 마음을 아프지 않게 해 드리겠다는 각오로 노력해 왔는데 이렇게 정반대의 결과를 낳게 되어 가슴이 찢어지는 느낌입니다.

심지어 제가 사이비 종교에 빠졌다거나 청와대에서 굿을 했다는 이야기까지 나오는데 이는 결코 사실이 아니라는 점을 분명히 말씀드립니다.

우리나라의 미래 성장동력을 만들기 위해 정성을 기울여온 국정과제들까지도 모두 비리로 낙인찍히고 있는 현실도 참으로 안타깝습니다.

일부의 잘못이 있었다고 해도 대한민국의 성장동력만큼은 꺼뜨리지 말아 주실 것을 호소드립니다.

다시 한번 저의 잘못을 솔직하게 인정하고 국민 여러분께 용서를 구합니다.

이미 마음으로는 모든 인연을 끊었지만, 앞으로 사사로운 인연을 완전히 끊고 살겠습니다.

그동안 경위에 대해 설명해 드려야 마땅합니다만 현재 검찰의 수사가 진행 중인 상황에서 구체적인 내용을 일일이 말씀드리기 어려운 점을 죄송스럽게 생각합니다.

자칫 저의 설명이 공정한 수사에 걸림돌이 되지 않을까 염려하여 오늘 모든 말씀을 드리지 못하는 것뿐이며 앞으로 기회가 될 때 밝힐 것입니다.

또한, 어느 누구라도 이번 수사 통해 잘못이 드러나면 그에 상응하는 책임을 져야 할 것이며 저 역시도 모든 책임을 질 각오가 돼 있습니다.

국민 여러분,

지금 우리 안보가 매우 큰 위기에 직면해 있고 우리 경제도 어려운 상황입니다.

국내외의 여러 현안이 산적해 있는 만큼 국정은 한시라도 중단되어서는 안 됩니다.

대통령의 임기는 유한하지만, 대한민국은 영원히 계속되어야만 합니다.

더 큰 국정 혼란과 공백 상태를 막기 위해 진상규명과 책임추궁은 검찰에 맡기고 정부는 본연의 기능을 하루속히 회복해야만 합니다.

국민들께서 맡겨 주신 책임에 공백이 생기지 않도록 사회 각계의 원로님들과 종교 지도자분들, 여야 대표님들과 자주 소통하면서 국민 여러분과 국회의 요구를 더욱 무겁게 받아들이겠습니다.

다시 한번 국민 여러분께 깊이 머리 숙여 사죄드립니다."

이런 그녀의 간곡한 대국민 사과에도 불구하고 이미 시위를 떠나 버린 화살은 돌아올 수가 없었다. 아니, 오히려 과녁을 향해 가속도를 붙이며 더욱 힘차게 날아갔다. 화살이 날아가는 최종 과녁은 '박근혜 무조건 당장 퇴진'이었다. 촛불 집회를 주도하고 있는 민주노총이나 진보 단체, 시민 연대의 입장은 확고했다. 국회의 탄핵이나 헌법재판소의 판결을 기다리다가 광우병 사태와 같은 뜻밖의 돌발변수를 만나게 되면 전면에 나서서 현 상황을 초래한 지도부가 곤경에 처할 수도 있기 때문이었다.

그들은 촛불시위를 일종의 민중혁명으로 간주하고 있는 것 같았다. 뒤늦게 참여한 민주당이나 정의당 등 국회 야당의 도움마저도 거추장스럽게 느껴지고 있었다. 이는 촛불시위의 주도권에 대한 그들의 강한 집착 때문이었다. 법이 정하고 있는 절차를 기다리기 전에 그녀를 당장 권좌에서 끌어내리게 되면 당연히 그들에게 최전선에 나서서 정치판을 바꾸어 버릴 수 있는 명분이 주어질 것이다. 그렇게 되면 주사파 이론으로 무장된 급진세력들에 의해 대한민국의 새로운 미래를 설계할 수 있다는 내심이 지도부들 사이에 만연하고 있는 듯했다.

이 때문인지 촛불시위가 정점으로 향하는 동안 대한민국의 한복판인 광화문 거리는 적색 물결이 가득한 이방의 모습으로 변모되고 말았다. 김일성 주체사상과 미군 철수의 깃발이 사방에 나부끼고 있었고 내란 선동을 도모하다 투옥된 이석기를 석방하라는 구호가 들려왔다. 이뿐만 아니라 그녀가 포승줄에 묶여 있는 모습의 인형을 끌고 다니는 참혹한 광경이 연출되더니 드디어는 대통령을 처형할 단두대에 이어 처형된 그녀의 인형까지 등장하고 말았다. 게다가 "이게 나라냐 ㅅㅂ"이라고 그녀를 조롱하는 노래가 시위 현장의 스피커를 통해 계속 흘러나오고 있었는데 작곡자는 민중가요 작곡가 윤민석이었다. 그는 '김일성 대원수는 인류의 태양', '수령님께 드리는 충성의 노래' 등을 작곡한 혐의로 총 4차례나 국가보안법 위반으로 구속되었던 인물이었다.

이러한 와중에 북한이 촛불 집회를 고무하기 위해 "우리는 박근혜를 탄핵한다"라고 하면서 『노동신문』 등의 매체를 통해 탄핵 동참을 선언하고 나섰다. 거듭되는 핵 위협에도 불구하고 당당하게 대처하며 개성공단마저 폐쇄해 버렸던 그녀의 기세에 눌려 있었던 그들은 모처럼 기회를 맞이한 듯 그들만의 거친 언어를 쏟아 내기 시작했다. "저능아 닭 그네, 청와대의 암캐, 온 국민을 잡아먹을 마귀년." 그야말로 입에 담기 부끄럽고 속된 표현들이 멈추지 않았다. "촛불은 바람이 불면 꺼진다"라는 보수단체의 비난에 대해 "촛불은 바람이 불면 더 활활 타오른다"라고 맞서고 있던 촛불시위대를 향해 북한은 촛불을 활활 타오르게 만드는 바람임을 스스로 자처하고 나선 상황이 되어 버린 것이었다. 아, 이제 대한민국은 어디로 갈 것인가.

모든 외부 활동을 중단해 버린 그녀는 비록 가슴에 총을 맞지는 않았지만, 오히려 총 맞은 것보다 더한 아픔이 가슴을 후비는 나날을 인고하고 있었다. 그녀는 차라리 총을 맞았다면 고통은 순식간에 끝났을 것이라는 생각도 했다. 어머니가 흉탄에 가신 후, 아버지마저 흉탄에 떠나보내야 했고 이제 자신마저 절망과 어둠 속으로 던져 버린 하늘이 너무 원망스러웠다.

"내가 이러려고 대통령이 되었나 하는 자괴감이 든다"라고 했던 그녀의 표현대로 사실상 그녀는 이미 대통령직을 내려놓기로 결심하고 있었다.

그러나 마지막 사명이 남아 있었다. 무법천지로 변해 버린 광화문 광장의 시위를 주동하고 있는 주사파를 위시한 급진세력으로부터 대한민국의 안위를 지키는 일이었다. 그들이 목 놓아 외치는 구호에 굴복하여 대통령직을 당장 사임해 버리면 그 뒤에 예견되는 혼란은 눈에 불 보듯 뻔한 노릇이었다. 자신들의 힘으로 대통령을 자리에서 끌어내리는 것에 성공하면 그들은 기세등등해져서 기존 정치권을 거세시키고 주체사상과 급진 좌파적 이념에 의한 새로운 대한민국의 건설을 외칠 것이다. 여기에 이를 동조하고 있는 북한이 그들을 전폭적으로 지지하는 사태가 야기된다면 대한민국의 앞날은 그야말로 폭풍 앞에 등불이 되어 버릴 수 있는 것이 아닌가.

그녀는 사태가 혁명적 방법에 따라 종결되는 것을 막기 위해 다시 한 번 국민 앞에 나서기로 했다. 자유민주주의에 의한 헌법과 법률이 정하는 절차에 의해 거취를 결정할 수 있도록 해 달라는 간곡한 부탁을 하기 위해서였다.

"존경하는 국민 여러분. 저의 불찰로 국민 여러분께 큰 심려를 끼쳐 드린 점 다시 한번 깊이 사죄드립니다.

이번 일로 마음 아파하시는 국민 여러분의 모습을 뵈면서 저 자신이 백 번이라도 사과를 드리는 것이 당연한 도리라고 생각하고 있습니다.

하지만 그런다 해도 그 큰 실망과 분노를 다 풀어드릴 수 없다는 생각에 이르면 제 가슴이 더욱 무너져 내립니다.

국민 여러분,

돌이켜보면 지난 18년 동안 국민 여러분과 함께했던 여정은 더 없이 고맙고 소중한 시간이었습니다.

저는 1998년 처음 정치를 시작했을 때부터 대통령에 취임하여 오늘 이 순간에 이르기까지 오로지 국가와 국민을 위하는 마음으로 모든 노력을 다해 왔습니다.

단 한순간도 저의 사익을 추구하지 않았고 작은 사심도 품지 않고 살아왔습니다. 지금 벌어진 여러 문제들 역시 저로서는 국가를 위한 공적인 사업이라고 믿고 추진했던 일들이었고 그 과정에서 어떠한 개인적 이익도 취하지 않았습니다.

하지만 주변을 제대로 관리하지 못한 것은 결국 저의 큰 잘못입니다. 이번 사건에 대한 경위는 가까운 시일 안에 소상히 말씀을 드리겠습니다.

국민 여러분,
그동안 저는 국내외 여건이 어려워지고 있는 상황에서 나라와 국민을 위해 어떻게 하는 것이 옳은 길인지 숱한 밤을 지새며 고민하고 또 고민하였습니다. 이제 저는 이 자리에서 저의 결심을 밝히고자 합니다.
저는 제 대통령직 임기 단축을 포함한 진퇴 문제를 국회의 결정에 맡기겠습니다. 여야 정치권이 논의하여 국정의 혼란과 공백을 최소화하고 안정되게 정권을 이양할 수 있는 방안을 만들어 주시면 그 일정과 법 절차에 따라 대통령직에서 물러나겠습니다.
저는 이제 모든 것을 내려놓았습니다. 하루속히 대한민국이 혼란에서 벗어나 본래의 궤도로 돌아가기를 바라는 마음뿐입니다.

다시 한번 국민 여러분께 진심으로 죄송하다는 말씀을 드리며 대한민국의 희망찬 미래를 위해 정치권에서도 지혜를 모아 주실 것을 호소 드립니다.”

태극기 집회

초창기의 태극기 집회는 서울역 광장에서 기독교 단체와 박사모 회원들의 소규모 집회로 시작되었고 언론의 철저한 외면으로 인해 별다른 국민의 관심을 받지 못했다. 그러나 2017년 12월 9일 국회에서 박근혜 탄핵소추가 의결된 후 개최된 덕수궁 대한문 앞 집회부터는 국회의 탄핵소추 의결에 반대하는 각계각층의 사람들이 몰려들었다. 넘치는 인파로 인해 프라자호텔 앞의 경찰 방어선이 무너지고 시청 앞 광장을 가득 채우더니 남대문과 구 국회의사당 앞까지 시위 참가자로 뒤덮이면서 촛불 시위자들과 코앞에서 대치하는 상황까지 확대되었다.

집회를 주최한 탄기국(대통령탄핵 기각을 위한 국민총궐기 운동본부)은 박사모를 위시하여 국가 비상 대책 국민회의, 무궁화회, 나라 사랑 어머니 연합, 국민 행복 실천협의회, 애국 동지회, 대한민국 수호 국민연합, 자유 논객 연합, 부정부패 추방 시민연합, 대한민국 어버이연합, 대한민국 엄마부대, 각종 향우회 등으로 구성되었는데, 박사모를 제외하고는 정치색이 전혀 없는 자생적 시민연합 단체들이 주를 이루고 있었다.

이처럼 탄기국은 자생적 시민단체의 연합으로 출범된 것이었기 때문에 촛불 집회처럼 일사불란하고 매끄럽게 집회를 이끌어 갈 수가 없었고 그렇다고 전문적인 행사업체를 부를 만한 재정적 여력도 없었다. 이뿐만 아니라 촛불 집회 현장에는 수십 개의 전광판 차량이 배치되어 멀리서도 연단의 모습을 생생하게 바라보면서 집회의 열기를 고조시킬 수 있었음에 반해 대한문 앞 태극기 집회는 광화문 쪽과 남대문 쪽을 향하는 각각 1대의 전광판이 설치되어 있었을 뿐이었다.

또한, 촛불 집회에는 참가자들을 위해 서울시가 십여 개의 깨끗한 간이 화장실을 설치해 주었다. 그러나 태극기 집회에는 단 하나의 화장실도 설치되지 않았다. 당시의 서울시장은 민주당의 박원순이었기 때문이었다. 따라서 태극기 집회 참석자들은 화장실을 찾아 시청 앞 빌딩들을 헤매고 다녀야 했다. 그러나 집회가 매주 토요일에 열리고 있었기 때문에 대부분 빌딩 출입구는 굳게 닫혀 있는 상태였다. 이러한 불편에도 불구하고 대한문 앞 태극기 집회는 회를 거듭할수록 그 세와 규모가 확대되고 있었다.

이가 없으면 잇몸으로 대신하자고 나선 사회자 손상대의 카랑카랑하고 쩌렁쩌렁한 목소리는 가히 집회 참가자들을 압도할 만큼 대단한 것이었다. 그가 '탄—핵 반— 대—!'를 외치면 시위자들이 다시 받아서 "탄핵 반대"를 외치곤 했는데 거대한 구호의 물결이 광화문 촛불 집회 현장까지 밀려갔고 연이어 울리는 "전우의 시체를 넘고 넘어 앞으로 앞으로"라는 군가에 맞추어 그들은 영하의 차가운 바람과 싸우며 아스팔트 길에서 마냥 태극기를 흔들었다.

당시 집회의 마지막 순서는 집회 참가자들이 시청 앞을 출발하여 을지로, 퇴계로를 거쳐 신세계 백화점을 돌아 다시 남대문을 지나고 시청 앞으로 돌아오는 시가행진을 하며 탄핵 반대를 외치는 것이었다. 행진에 앞장선 사람 중에는 명연설로 태극기 집회의 꽃이라고 불렸던 KBS의 전 아나운서 정미홍과 미국에서 변호사 활동을 중단하고 태극기 집회 참석을 위해 급히 귀국하여 매주 연단에 올라 논리 정연하게 탄핵 반대를 외쳤던 김평우 변호사가 있었다. 정미홍 아나운서는 KBS 88올림픽 중계 메인 아나운서를 맡을 만큼 명성이 높았던 아나운서였다. 그녀는 탄기국 집회 참석 연사 중 유일하게 지명도가 높은 여성 방송인이었고 미모를 겸비하고 있었던 데다가 연설이 조리 있으면서도 청중들의 감정을 향하여 정곡을 찌르는 날카로움이 있었다. 이 때문에 태극기 집회 참석자들은 그녀가 연단에 오를 때마다 열렬히 환호하면서 박수로 그녀를 맞이하곤 했다. 그런데 놀랍게도 당시 그녀는 폐암 선고를 받고 투병 중인 상황이었고 불과 1년 6개월 후 그녀의 사망 소식이 전해지며 주변 사람들의 안타까움을 더하게 만들었다.

유명 정치인 연설보다 더한 감동적인 연설로 매번 태극기 집회의 피날레를 장식하고 이후 박근혜 대통령의 변호인단에 합류하여 헌법재판관들에게 탄핵 절차의 위법성을 조목조목 반박했던 김평우 변호사는 우리 문단의 대가이자 『무녀도』를 쓴 김동리의 아들이었다. 당시 그는 미국에서 변호사 활동을 하고 있었는데 조국에서 진행되고 있는 탄핵 사태에 분노하여 생계를 뿌리치고 혈혈단신으로 입국했다고 말했다. 낮에는 탄핵 반대를 위한 활동을 계속하고 있었고 밤에는 지친 몸을 이끌고 『탄핵을 탄핵한다』의 집필과 헌법재판소의 최후변론에 대한 자료를 준비했다. 그가 '몸은 비록 조국을 떠나 살고 있지만, 조국이 처한 불행한 사태를 막아야 하는 것은 죽기 전에 조국을 위한 자신의 마지막 사명'이라고 외치면 시청 앞을 가득 메운 태극기의 물결이 출렁이면서 감동의 박수소리가 터져 나왔다.

이렇게 태극기 집회의 세가 확장되기 시작하자 촛불 집회에 앞장섰던 일부 언론들은 그들이 일당 5만 원에 동원되었다는 등의 왜곡된 비난 기사를 내보내기도 했지만, 오히려 집회를 지원하기 위하여 모으는 성금이 폭발적으로 증가하여 수십 대의 전광판을 집회 현장에 설치할 수 있게 되었고 집회의 진행도 촛불 집회 못지않게 세련되고 매끄럽게 변해가기 시작했다. 드디어 태극기 집회 참여 인원이 촛불시위대를 추월해 버리기 시작했다. 그러나 당시의 방송이나 언론들은 태극기 집회에 대해서는 아예 침묵하거나 극히 부분적인 행사 초기의 쓸쓸한 장면만 보내 주는 왜곡 보도로 일관하는 편향된 모습을 보여 주고 있었다. 그런데 뜻밖에 민주노총의 언론노조와 제2, 제3 노조의 갈등이 격화되고 있었던 MBC가 9시 뉴스를 통해 항공기로 촬영된 전체 시위 현장의 모습을 생생하게 방송하여 국민을 경악하게 만들었다. 100만이라고 주장했던 촛불시위의 절정기에도 광화문과 구 국회의사당 앞까지의 도로에 촛불시위대가 들어서고 있었던 정도였다. 그러나 3.1절이던 그날 태극기 집회는 광화문, 시청 앞을 지나 남대문에서 서울역, 그리고 종로에도 종각을 지나 종로 3가·4가, 청계천 광장까지 인파가 넘치고 있었기 때문이었다. 이에 고무된 탄기국은 이날의 시위 참석인원을 500만이라고 발표하기도 하였다.

MBC 보도 이후, 탄핵 반대를 외치는 태극기 시위의 엄청난 규모에 놀랐기 때문인지 언론들의 보도 행태가 조금씩 변화되기는 했지만 그래도 그녀에 대한 탄핵이 이미 '루비콘강'을 건너 버렸다' 식의 보도는 계속되고 있었다.

"
마지막
국무회의
"

더불어민주당, 정의당, 국민의당, 무소속 의원 171명이 발의한 박근혜 대통령 탄핵소추안은 대통령의 탄핵소추 사유로 헌법과 법률 위배행위 9가지를 근거로 들고 있었는데 가장 중요한 사유는 최서원에 의한 국정 농단 의혹이었고 이에 추가하여 언론탄압, 세월호 7시간 의혹, 뇌물죄 등이 있었으나 모두 객관적으로 검증을 거친 명백한 사실이 아니라 단지 언론에 보도되고 있는 의혹들에 관한 것이었다.

그런데도 그들은 탄핵 사유에 대한 사실관계 검증을 생략한 채, 발의 이후 불과 6일 만에 재적의원 300명 중 234명의 찬성으로 탄핵소추안을 가결하고 말았다. 놀라운 것은 이러한 탄핵안 결의에 여당인 새누리당 의원들이 무려 62명이나 찬성표를 던졌다는 사실이다. 탄핵안이 의결 되려면 재적의원 2/3인 200명 이상의 찬성이 필요하여 28명의 새누리당 의원이 탄핵에 가세하여야만 했다. 그러나 당시에 그녀와 각을 세우고 있었던 김무성, 유승민 의원 등의 비박계 의원 외에 사태의 추이를 살피던 중도파 의원들이 살아남기 위해 대거 찬성표를 던져 버렸다. 아무리 정치가 생물이라고 하지만 나라의 명운이 달린 대통령의 탄핵 결의에 임하는 여당 국회의원들 상당수가 살아남기 위해 찬성표로 돌아서 버린 결과였다.

국회의 탄핵 결의와 동시에 대통령 직무는 정지되었고 마지막 국무회
의가 비통한 분위기 속에서 개최되었다. 그녀는 감정을 추스르기 위하
여 시간이 필요했던지 잠시 눈을 감은 채 침묵을 지키다가 이윽고 입을
열었다. 떨리는 목소리였다.

> "내 부덕이고 불찰입니다. 국가적 혼란에 송구합니다. 국회와
> 국민의 목소리를 들어 혼란을 잘 수습해 주기 바랍니다. 헌법
> 과 법률의 절차에 따라 헌재 심판과 특검 조사를 차분하고 담
> 담하게 가겠습니다. 불확실성의 시대입니다. 헌재 결정 때까지
> 합심해서 국정 공백을 최소화하여 주십시오. 취약계층의 삶을
> 잘 살피고 민생의 사각지대가 없도록 해 주십시오. 미래 성장
> 동력도 잘 키워 주십시오. 국민은 공직자를 믿고 의지합니다.
> 저는 여기서 멈추지만, 총리가 직무대행으로 난국을 맡아 처리
> 하게 되어 마음이 놓입니다. 저를 도와주셨듯이 대행을 중심으
> 로 책임감을 가지고 잘해 주시길 바랍니다."

각료들을 향한 마지막 당부를 마친 후 그녀는 잠시 고개를 떨구고 침
묵을 지키다가 자리에서 일어났는데 눈시울이 붉게 물들어 있었다.

> "이제 대통령 몫까지 나라를 위해 최선을 다해 주십시오. 떠날
> 수 있어 감사합니다. 내가 가야 할 길은 멈춰 섰지만, 여러분은

그렇지 않습니다. 흔들림 없이 해 주십시오. 감사합니다."

그녀가 각료들 곁을 떠나며 남긴 마지막 당부의 말이었다. 모든 것들을 내려놓고 절망과 체념 속으로 떠나야 하는 절명의 순간이었지만 마지막까지 국민의 안위와 행복을 기원하며 각료들에게 최선을 다할 것을 거듭 당부하고 있었다.

대통령 박근혜를
파면한다

국회가 탄핵소추를 의결하면 헌법재판소는 180일 이내에 판결을 선고하여야 한다. 그러나 무엇 때문인지 겨우 3개월 하고 하루가 지난 2017년 3월 10일로 선고일이 서둘러 결정되었다. 이정미 재판관의 임기 만료가 3월 13일로 예정되어 있어서 불가피했다고는 하지만 촛불시위대가 연일 조속한 탄핵을 외치고 있었고 심지어 탄핵이 기각되면 다음은 혁명밖에 없다는 협박이 공공연하게 계속되던 형국이었기 때문에 헌재가 상당한 압박을 받아서 판결을 서두르게 된 것으로 볼 수 있다.

당시 온 국민의 관심은 과연 헌재가 탄핵소추에 대해 어떤 판결을 할 것인가에 집중되어 있었다. 촛불 집회 측과 대부분의 언론은 인용될 것으로 기대하고 있었으나, 보수적인 관점으로 추이를 조심스럽게 지켜보고 있었던 사람들은 노무현 대통령의 탄핵소추에 대한 기각 판결의 전례에 미루어 볼 때 이번에도 당연히 기각될 것이라 낙관하고 있었다.

드디어 선고일이 되자 공석이었던 헌법재판소장을 대행하여 이정미 재판관이 차가운 금속 같은 날카로운 목소리로 판결문을 낭독했다.

"피청구인 대통령 박근혜를 파면한다."

아니, 이게 무슨 소리인가. 파면이라니? 헌법재판소는 국회의 탄핵소추에 대해 인용, 또는 기각을 결정하는 헌법기관이지, 대통령을 임명하는 기관은 아니지 않은가. 파면이란 징계 절차를 거친 후 임명권자의 일방적 의사에 의해 공무 관계를 소멸시키거나 관직을 박탈하는 처분이다. 따라서 헌법재판소는 국회의 탄핵소추가 헌법과 법률이 정하는 바에 의한 것인가를 판단하여 인용, 또는 기각을 선고하면 되는 것인데 굳이 직에서 끌어내린다는 의미인 파면이라는 용어로 판결문을 발표한 것이다. 듣는 사람에 따라서는 마치 그들이 헌법의 최상위 기관으로서 대통령을 직에서 끌어내린다고 결정하고 선언하는 것으로 들릴 수가 있었다. 판결 선언문은 반드시 선언에 앞서 헌법재판관들의 사전 심의가 이루어졌을 것이므로 파면이라는 용어를 이정미 재판관이 독자적으로 사용한 것이라고는 볼 수 없으며 사실상 찬성을 결정한 모두가 이런 자극적인 표현에 동의한 것으로 볼 수 있다. 이는 당시의 헌법재판소가 대통령의 탄핵이라는 막중한 사태에 임하는 자세가 어떠했는가를 상징적으로 보여 준 모습이었다.

대통령의 임명권은 사실상 국민에게 있다. 국민이 투표를 통해 대통령을 임명한 것이기 때문이다. 그러므로 헌법재판소가 민주적 정당성을 갖춘 대통령의 탄핵을 결정하려면 대통령의 법 위배행위가 헌법 질서에 미치는 영향이 중대하여 대통령의 탄핵이 손상된 헌법 질서 회복을 위해 반드시 중대하게 요청되는 경우에만 제한적으로 행사되어야 할 것이다. 미국 연방헌법에서는 대통령 탄핵 사유로 반역, 수뢰, 기타 중대한 범죄와 비행을 들고 있다. 반역과 수뢰에 의한 탄핵은 누가 보아도 당연할 것이며 기타 중대한 범죄와 비행은 상대적 개념이긴 하지만 형사법적인 관점에서 인류에 반하는 중대한 범죄 행위로 헌법정신을 파괴한 경우로 보아야 할 것이다.

그렇다면 과연 당시 대통령에 대한 중대한 탄핵 사유를 헌법재판소가 어떻게 판단한 것인지 그녀의 탄핵 판결문을 통하여 살펴보기로 하자.

"피청구인의 위헌·위법행위는 대의민주제 원리와 법치주의 정신을 훼손한 것입니다.
한편, 피청구인은 대국민 담화에서 진상규명에 최대한 협조하겠다고 하였으나 정작 검찰과 특별검사의 조사에 응하지 않았고, 청와대에 대한 압수수색도 거부하였습니다.
이 사건 소추 사유와 관련한 피청구인의 일련의 언행을 보면, 법 위배행위가 반복되지 않도록 할 헌법수호 의지가 드러나지 않습니다.

결국, 피청구인의 위헌·위법행위는 국민의 신임을 배반한 것으로 헌법수호의 관점에서 용납될 수 없는 중대한 법 위배행위라고 보아야 합니다. 피청구인의 법 위배행위가 헌법 질서에 미치는 부정적 영향과 파급효과가 중대하므로, 피청구인을 파면함으로써 얻는 헌법수호의 이익이 압도적으로 크다고 할 것입니다.

이에 재판관 전원의 일치된 의견으로 주문을 선고합니다.

피청구인 대통령 박근혜를 파면한다."

검찰과 특별검사의 조사에 응하지 않았고, 청와대에 대한 압수수색도 거부했다며 헌법수호 의지가 없어서라고 했는데 과연 그러한가. 그녀가 피청구인의 방어권 차원에서 검찰과 조사 방법과 절차에 대한 합의를 위해 여러 차례 노력하였음에도 합의가 이루어지지 않아 조사가 불발되었고, 이후 행정법원의 판결로 조사 거부의 정당성이 입증되었다는 사실은 왜 고려되지 않았던가. 또한, 청와대의 압수수색도 헌정사에 유례가 없었으며 국가의 중요한 기밀시설임을 미루어 신중하게 접근해야 함에도 이를 헌법수호의 의지가 없는 중대한 위배행위로 간주했다. 그러면서 헌법 질서에 미치는 부정적 영향과 파급효과가 중대하므로, 피청구인을 파면함으로써 얻는 헌법수호의 이익이 압도적으로 크다고 최종 선언했다. 그런데 과연 조사에 응하지 않은 것과 압수수색 거부가 "반역, 수뢰, 기타 중요한 범죄와 비행"에 상응할 만큼 중대한 것인가에 대해서는 큰 의문을 가질 수밖에 없다.

이번에는 국회가 탄핵 사유로 제출한 각각의 사유에 대한 판결의 내용을 살펴보자.

공무원 임면권 남용

"문화체육관광부 노 국장과 진 과장이 피청구인의 지시에 따라 문책성 인사를 당하고, 노 국장은 결국 명예퇴직했으며, 장관이던 유진룡은 면직되었고, 대통령비서실장 김기춘이 제1차관에게 지시하여 1급 공무원 여섯 명으로부터 사직서를 제출받아 그중 세 명의 사직서가 수리된 사실은 인정됩니다.

그러나 이 사건에 나타난 증거를 종합하더라도, 피청구인이 노 국장과 진 과장이 최서원의 사익 추구에 방해된다는 이유로 인사를 감행한 것으로 인정하기에는 부족하고, 유진룡이 면직된 이유나 김기춘이 여섯 명의 1급 공무원으로부터 사직서를 제출받도록 한 이유 역시 분명하지 아니합니다."

탄핵의 사유로 인정되지 않아 기각됨.

언론의 자유 침해

"청구인은 피청구인이 압력을 행사하여 『세계일보』 사장을 해임하였다고 주장하고 있습니다. 『세계일보』가 청와대 민정수석비서관실에서 작성한 정윤회 문건을 보도한 사실과 피청구인이 이러한 보도에 대하여 청와대 문건의 외부유출은 국기문란 행위이고 검찰이 철저하게 수사해서 진실을 밝혀야 한다고 히머 문건 유출을 비난한 사실은 인정됩니다.

그러나 이 사건에 나타난 모든 증거를 종합하더라도 『세계일보』에 구체적으로 누가 압력을 행사했는지 분명하지 않고 피청구인이 관여했다고 인정할 만한 증거는 없습니다."

증거 불충분으로 기각됨.

세월호 사건

"2014년 4월 16일 세월호가 침몰하여 304명이 희생되는 참사가 발생했습니다. 당시 피청구인은 관저에 머물러 있었습니다. 헌법은 국가는 개인이 가지는 불가침의 기본적 인권을 확인하고 이를 보장할 의무를 진다고 규정하고 있습니다. 세월호 침몰 사건은 모든 국민에게 큰 충격과 고통을 안겨 준 참사라는 점에서 어떠한 말로도 희생자들을 위로하기에는 부족할 것입니다. 피청구인은 국가가 국민의 생명과 신체의 안전 보호 의무를 충실하게 이행할 수 있도록 권한을 행사하고 직책을 수행해야 하는 의무를 부담합니다.

그러나 국민의 생명이 위협받는 재난 상황이 발생했다고 하여 피청구인이 직접 구조 활동에 참여하여야 하는 등 구체적이고 특정한 행위 의무까지 바로 발생한다고 보기는 어렵습니다. 또한, 피청구인은 헌법상 대통령으로서의 직책을 성실히 수행할 의무를 부담하고 있습니다.

그런데 성실의 개념은 상대적이고 추상적이어서 성실한 직책 수행의무와 같은 추상적 의무규정의 위반을 이유로 탄핵소추를 하는 것은 어려운 점이 있습니다.

헌법재판소는 이미, 대통령의 성실한 직책수행의무는 규범적으로 그 이행이 관철될 수 없으므로 원칙적으로 사법적 판단의 대상이 될 수 없어, 정치적 무능력이나 정책 결정상의 잘못 등 직책수행의 성실성 여부는 그 자체로는 소추 사유가 될 수 없다고 했습니다.

세월호 사고는 참혹하기 그지없으나, 세월호 참사 당일 피청구인이 직책을 성실히 수행했는지의 여부는 탄핵 심판절차의 판단대상이 되지 아니한다고 할 것입니다."

탄핵 사유 대상이 되지 못한다고 하여 기각됨.

최서원에 대한 국정개입 허용과 권한 남용

"피청구인에게 보고되는 서류는 대부분 부속 비서관 정호성이 피청구인에게 전달하였는데, 정호성은 2013년 1월경부터 2016

년 4월경까지 각종 인사자료, 국무회의자료, 대통령 해외 순방 일정과 미국 국무부장관 접견자료 등 공무상 비밀을 담고 있는 문건을 최서원에게 전달하였습니다.

최서원은 그 문건을 보고 이에 관한 의견을 주거나 내용을 수정하기도 하였고, 피청구인의 일정을 조정하는 등 직무 활동에 관여하기도 하였습니다. 또한, 최서원은 공직 후보자를 추천하기도 하였는데, 그중 일부는 최서원의 이권 추구를 도왔습니다.

피청구인은 안종범에게 문화와 체육 관련 재단법인을 설립하라는 지시를 하여, 대기업들로부터 486억 원을 출연받아 재단법인 미르를, 288억 원을 출연받아 재단법인 K스포츠를 설립하게 하였습니다.

그러나 두 재단법인의 임직원 임면, 사업 추진, 자금 집행, 업무 지시 등 운영에 관한 의사결정은 피청구인과 최서원이 하였고, 재단법인에 출연한 기업들은 전혀 관여하지 못했습니다.

그리고 최서원의 요청에 따라, 피청구인은 안종범을 통해 KT에 특정인 2명을 채용하게 한 뒤 광고 관련 업무를 담당하도록 요구하였습니다. 그 뒤 플레이그라운드는 KT의 광고대행사로 선정되어 KT로부터 68억여 원에 이르는 광고를 수주했습니다. 또 안종범은 피청구인 지시로 현대자동차그룹에 플레이그라운드 소개자료를 전달했고, 현대와 기아자동차는 신생 광고회사인 플레이그라운드에 9억여 원에 달하는 광고를 발주했습니다.

다음으로 피청구인의 이러한 행위가 헌법과 법률에 위배되는지를 보겠습니다.

헌법은 공무원을 '국민 전체에 대한 봉사자'로 규정하여 공무원의 공익실현 의무를 천명하고 있고, 이 의무는 국가공무원법과 공직자윤리법 등을 통해 구체화되고 있습니다. 피청구인의 행위는 최서원의 이익을 위해 대통령의 지위와 권한을 남용한 것으로서 공정한 직무수행이라고 할 수 없으며, 헌법, 국가공무원법, 공직자윤리법 등을 위배한 것입니다.

또한, 재단법인 미르와 K스포츠의 설립, 최서원의 이권 개입에 직, 간접적으로 도움을 준 피청구인의 행위는 기업의 재산권을 침해하였을 뿐만 아니라, 기업경영의 자유를 침해한 것입니다.

그리고 피청구인의 지시 또는 방치에 따라 직무상 비밀에 해당하는 많은 문건이 최서원에게 유출된 점은 국가공무원법의 비밀엄수의무를 위배한 것입니다.

지금까지 살펴본 피청구인의 법 위반 행위가 피청구인을 파면할 만큼 중대한 것인지에 관하여 보겠습니다.

대통령은 헌법과 법률에 따라 권한을 행사하여야 함은 물론, 공무 수행은 투명하게 공개하여 국민의 평가를 받아야 합니다. 그런데 피청구인은 최서원의 국정개입 사실을 철저히 숨겼고, 그에 관한 의혹이 제기될 때마다 이를 부인하며 오히려 의혹 제기를 비난하였습니다. 이로 인해 국회 등 헌법기관에 의한 견제나 언론에 의한 감시 장치가 제대로 작동될 수 없었습니다. 또한, 피청구인은 미르재단과 K스포츠 설립, 플레이그라운드와 WK 및 케이디코퍼레이션 지원 등과 같은 최서원의 사익 추구에 관여하고 지원하였습니다.

피청구인의 헌법과 법률 위배행위는 재임 기간 전반에 걸쳐 지속적으로 이루어졌고, 국회와 언론의 지적에도 불구하고 오히려 사실을 은폐하고 관련자를 단속해 왔습니다. 그 결과 피청구인의 지시에 따른 안종범, 정호성 등이 부패범죄 혐의로 구속기소 되는 중대한 사태에 이르렀습니다.

이러한 피청구인의 위헌·위법행위는 대의민주제 원리와 법치주의 정신을 훼손한 것입니다.

한편, 피청구인은 대국민 담화에서 진상규명에 최대한 협조하겠다고 하였으나 정작 검찰과 특별검사의 조사에 응하지 않았고, 청와대에 대한 압수수색도 거부하였습니다.

이 사건 소추 사유와 관련한 피청구인의 일련의 언행을 보면, 법 위배행위가 반복되지 않도록 할 헌법수호 의지가 드러나지 않습니다.

결국, 피청구인의 위헌·위법행위는 국민의 신임을 배반한 것으로 헌법수호의 관점에서 용납될 수 없는 중대한 법 위배행위라고 보아야 합니다. 피청구인의 법 위배행위가 헌법 질서에 미치는 부정적 영향과 파급효과가 중대하므로, 피청구인을 파면함으로써 얻는 헌법수호의 이익이 압도적으로 크다고 할 것입니다."

중대한 위법 행위로 보아 인용.

이상과 같이 헌재는 탄핵 사유를 크게 4가지로 분류하여 3가지 사유는 모두 기각했으나 마지막 사유인 최서원이 행한 사익 추구에 대해서는 판결문의 상당한 부분을 할애하여 구체적으로 설명하면서 최서원을 지원한 대통령의 위배행위가 헌법수호의 관점에서 용납될 수 없는 중대한 것이라고 하여 이를 인용하고 파면한다고 한 것이다. 따라서 헌재의 탄핵 결정은 그동안 온갖 억측과 무책임하게 과장되어 난무했던 위의 3가지 사안에 대해서는 탄핵 사유가 될 수 없다고 판단한 것이고 오로지 최서원이 행한 사익 추구와 관련한 그녀의 책임을 물은 것으로 결론지을 수 있다.

그렇다면 탄핵 사유로 판단한 최서원의 일련의 행위에 그녀가 헌법수호의 의지가 없다고 판단될 정도로 개입했다는 헌법재판소의 판단이 법리와 사실관계 확인이라는 측면에서 과연 대통령을 파면시켜야 할 만큼 중차대한 것이었나에 대해 살펴보기로 하자. 이에 대해서는 『박근혜 대통령 탄핵과 재판 공정했는가』에서 성균관대학교 한석훈 법학과 교수가 주장한 내용을 인용하여 설명해 보겠다.

공무상 비밀 누설죄

"해당 문건은 대통령 후보 연설문 등 대부분 법률상 '비밀 문건'으로 볼 수 없는 문건이며 자신의 직무수행 과정에서 조언을 구하기 위하여 신뢰할 수 있다고 여기는 조력자에게 문건을 보낸 것이므로 대통령의 직무수행이라는 국가기능에 지장을 줄 위험이 있는 '누설' 행위라거나 그 행위의 고의가 있다고 볼 수 없다."

예를 들어서 대통령이 남편 등 친척이나 공식적 조직에 있지 않지만, 전문적 지식이 뛰어난 사람에게 문서에 대한 의견을 물었다고 하여 그것을 공무상 비밀 누설로 볼 수 없다는 것이다.

직권 남용죄

"대통령이 문화 융성, 스포츠 발전 또는 중소기업의 지원행위를 한 것이므로 그 행위가 최서원의 사익 추구에 이용되는 사실을 알고 한 행위가 아니라면 '직권 남용' 행위라고 할 수 없는데, 대통령이 최서원의 사익 추구를 알고 있었음을 인정할 만한 증거가 없다.

또한, 롯데그룹의 제3자 뇌물죄 부분은 대통령이 롯데그룹에 공익재단인 K스포츠의 사업지원을 요청한 사안으로 그 사업지원이 대통령의 직무와 대가관계에 있음이 증명되지 않으면 묵시적 부정 청탁도 인정되지 않아 범죄가 성립되지 않는다. 그런데 롯데그룹 회장이 대통령과 이 사건 단독면담을 할 당시에는 이미 면세점 특허에 대한 정부 방침이 정해져 있어서 롯데그룹이 면세점 신규 취득에 관한 청탁할 필요가 없었다. 그러므로 그러할 필요가 있었음을 전제로 그에 관한 대통령의 직무와 위 사업자의 대가관계를 인정하고 묵시적 부정 청탁이 있었다고 본 것은 잘못이다."

면세점 특허는 관세법의 규정에 따라 '보세판매장 특허'로 사전에 고시되어 일련의 절차를 진행한다. 이미 그녀가 롯데그룹 회장과 면담이 이루어지기 전에 응찰 요건과 심사항목에 대한 세부 평가 항목이 사전 고시된 상태였으며 롯데그룹은 면세점 업계의 선두 주자로서 면세점 세계시장 점유율 1위를 기록하고 있었다. 따라서 심사위원회의 평가에서도 당연히 모든 항목에서 높은 점수를 받을 것으로 예상되고 있었다. 이 때문에 대통령에게 묵시적 청탁까지 할 필요가 없었다는 것이다.

기업의 재산권 및 경영의 자유 침해

"헌재가 대통령을 파면하면서 탄핵 사유로 내세운 핵심내용은 대통령이 최서원의 사익 추구를 지원하기 위해 구속력 있는 행위로 기업에 금품 출연, 계약 체결 또는 직원 채용을 하게 함으로써 재산권 및 경영의 자유를 침해했다는 것이다. 그러나 이후의 법원 재판 결과, 정작 대통령이 당시 최서원의 사익 추구를 알고 있었는지는 증명되지 않았고, 위 구속력 있는 행위인 강요죄로 기소된 부분에 대해서도 협박으로 볼 만한 언동이 없었다는 이유로 모두 무죄선고를 받았다.

따라서 탄핵 사건에서 대통령을 파면한 결정은 잘못된 사실인정을 전제로 한 오판으로 보인다.

이 사건은 대부분 대통령의 정책공약인 '문화 융성'과 '체육 10대 공약' 등의 국정 수행 과정에서 발생한 일이고 대통령이 직접 사익을 취한 적이 없었음에도, 법원은 대통령을 최서원 사익 추구의 공동정범으로 적용하였다. 그런데 대통령의 공모를 가담한 정황이나 '직권 남용'이 있었는지, 또는 '부정한 청탁'을 받았는지를 인정하기 위해서는 먼저 대통령이 최서원의 사익 추구를 알고 있었다는 사실을 증명해야 하는데 그럴 만한 증거가 없다. 법원은 증거가 불충분하면 피고인의 이익으로 무죄판결을 해야 함에도 무리하게 유죄판결을 한 것은 헌법의 무죄 추정의 원칙에도 위배된다. 법리 면에서도 법원은 종전 판례에 없는 포괄적 제3자 뇌물죄를 새롭게 인정하고 뇌물수수죄의 공동정범 성립 범위를 부당하게 확장하는 새로운 판례를 선보이는 무리수를 두었다.

요약하면 '최서원 게이트'는 최서원이 대통령과의 친분을 이용한 사익 추구의 사건일 수는 있어도 대통령이 최서원과 결탁하여 최서원의 사익 추구를 지원한 사건으로 보기는 어렵다."

최서원의 사익 추구를 대통령이 알고 있었다는 전제로 탄핵 심판이 이루어졌지만, 헌법재판소가 사실인정을 위한 충분한 조사를 진행하지 않고 서둘러 파면을 결정했고 이후 진행된 법원의 재판에서 위 사항에 대하여 무죄가 선고되었으므로 헌법재판소의 판결은 잘못된 사실을 전제로 한 오판이라는 것이다.

대통령의 탄핵에 대한 촛불시위를 일으킨 JTBC의 보도는 마치 대통령 위에 비선 실세인 최서원이 있어서 대통령의 국정을 농단한 것인 양 보도했는데 헌법재판소의 결정문에는 단지 최서원의 사익 추구에 대한 대통령의 책임을 논하고 있을 뿐 '국정농단'이라는 표현은 어디에서도 찾을 수가 없다. 그러나 언론과 촛불시위 현장, 심지어 국회의원들조차 헌재의 판단을 대통령에 대한 국정농단의 판단으로 확대해석하여 "무능한 대통령, 이게 나라냐"라는 악의적인 프레임을 씌워 버리고 말았다.

탄핵 심판의 절차적 하자

"국회는 대통령 탄핵 사유인 최서원의 국정농단에 대하여 사실인정을 위한 충분한 사실조사를 행하고 그 결과에 따라서 탄핵절차를 진행해야 한다. 그럼에도 국회는 충분한 조사절차가 없었을 뿐 아니라 본회의에서의 토론마저 생략한 채 탄핵소추안을 의결 처리해 버렸고, 헌법재판소는 동일 사건에 대한 형사재판이 1심 법원에서 진행 중임에도 그 결과를 기다리거나 충분한 사실심리를 하지 않고 불과 3개월 만에 성급하게 탄핵 결정을 해 버렸다."

헌법재판소가 판결문에서 국회에서의 토론이나 심리 절차를 거치지 않은 것에 대해 국회법에 특별히 정한 규정이 없으므로 국회의 재량사항이라고 했는데 그렇다면 만약 국회 재적의원 2/3 이상의 정당이 출현하여 독자적으로 탄핵을 발의하고 토론이나 심의 절차를 생략한 채 탄핵소추를 강행하여 의결해 버려도 절차적 하자가 없다는 것인가. 판결문에 나타난 헌법재판소의 입장대로라면 압도적 다수의 정당이 대통령의 직무를 정지시키기 위해 탄핵소추 결의를 남발해도 국회 내에는 이를 견제할 아무런 제도적 장치가 없다는 것인데 그러면 대통령 위에 국회가 있다는 것이지 않은가?

국민이 선거를 통해 선출한 정통성을 가진 대통령에 대해 국회가 탄핵을 소추하려면 과연 대통령이 반역, 수뢰, 기타 중요한 범죄와 비행을 저

질러서 헌법 질서를 중대하게 파괴하였는가에 대해 충분한 기간에 걸쳐 사실조사와 치열한 논의를 먼저 거쳐야 할 것이다. 그러나 국회는 '대통령에 대한 탄핵소추'라는 엄청난 의안을 발의일 이후, 불과 6일 만에 서둘러 의결해 버렸는데도 이에 대해 헌법재판소는 '명문화된 국회의 내부 절차 규정이 없으므로 국회의 재량으로 본다'고 했을 뿐 아니라 180일 동안이라는 충분한 시간이 있었음에도 3개월 만에 서둘러 심판을 종결해 버린 것이었다. 또한, 결정문에서 대통령이 '국민의 신임을 배반하였다'고 했는데 여기서 말하는 국민이 누구를 말하는 것인지 막연하기만 하다. 1,500만의 국민이 표를 주어 당선된 대통령의 정통성을 100만의 촛불 집회가 부정해 버린 것인데 100만이라는 것도 주최 측의 주장에 불과하고 경찰은 최대 26만으로 추산하였다.

반면에 태극기 집회의 절정기였던 3월 1일 집회에는 주최 측 추산 500만의 인원이 종로, 광화문, 시청 앞, 남대문을 거쳐 서울역까지 덮어 버렸는데 이는 경찰의 추산 방식을 태극기 집회에 적용하더라도 100만이 넘는 국민이 탄핵 반대를 외치고 있었다. 그런데 헌재는 왜 100만의 외침에는 귀를 닫아 버리고 불과 26만의 촛불시위대 목소리만을 국민의 목소리로 받아들인 것인가. 탄핵이 기각되면 다음에는 혁명밖에 없다는, 촛불시위대의 협박에 지레 겁을 먹어 버린 것이 아닐까. 섣불리 기각에 손을 들었다가는 민주노총 산하의 언론들로부터 맹폭을 당할 것이고 이미 여야 할 것 없이 정치세력들도 대통령에게 등을 돌려 버린 마당에 미련을 둘 이유가 없다고 판단하여 버린 것은 아닐까.

헌법이 헌법재판소에 대통령의 탄핵에 대한 최종 심판권을 부여한 것은 국회의 정략적 결정이나 언론들의 선동에 의한 혁명적 방법으로 국민이 선택한 대통령이 부당하게 탄핵당하는 것을 막음으로써 민주적 기본질서를 유지하도록 하기 위한 최후의 보루로 필요하기 때문이라 할 수 있다. 그러나 만에 하나라도 대통령에 대한 탄핵 심판의 기각으로 초래될 위험부담을 예견하여 탄핵 결정을 인용했다면, 그들은 후세의 역사에 의하여 민주적 기본절차를 지켜 주지 못한 부분에 대하여 엄중한 책임을 지게 될 것이다.

"

태극기 품으로
영원히 떠나 버린 그들—

"

2017년 3월 10일 탄기국(대통령탄핵 무효 총궐기 운동본부) 집회는 시청 앞 대한문이 아닌 헌법재판소와 안국역 사이에 마련된 임시 단상에서 개최되었다. 토요일이 아닌 금요일에 임시집회를 개최한 것은 그날이 바로 그녀에 대한 탄핵 심판 선고일이었기 때문이었다. 평일 오전이었음에도 안국역 부근의 도로에는 거대한 태극기의 물결이 일렁이고 있었다. 경찰은 만약의 사태에 대비하여 갑호비상경계령을 선포하고 57개 중대 4,600명을 헌법재판소와 안국역 일대에 배치했다. 또한, 안국역에서 헌법재판소로 향하는 도로에는 경찰 버스로 차 벽을 설치했는데 마치 버스의 앞뒤가 연결된 것처럼 공간이 꽉 막혀 있는 모습이었다.

이날의 집회는 박사모 회장 정광용과 카랑카랑하면서 우렁찬 목소리로 유명한 사회자 손상대에 의해 진행되었다. 사회자가 목에 핏대를 세우며 "탄핵— 반대—!"와 "탄핵— 기각—!"을 외치면 거대한 태극기의 물결이 다시 받아서 "탄핵 반대! 탄핵 기각!"을 외쳤는데 이러한 외침 사이에 '멸공의 횃불 아래 목숨을 건다'는 군가가 울려 퍼지고 있었다.

그런데 오전 11시 시보와 동시에 힘차게 울리던 구호와 우렁찬 군가

소리가 멈추어 버렸다. 이정미 재판관이 그녀의 탄핵 심판에 대한 선고
문 낭독을 시작했기 때문이었다.

첫 번째는 공무원 임면권 남용에 대한 것이었다.

> **공무원 임면에 대한 대통령의 개입은 인정된다.**
> **그러나 최서원의 사익 추구에 방해가 되어 감행했다고 보기에**
> **는 부족하고 사직서를 제출받도록 한 이유 역시 분명하지 않아**
> **기각한다.**

"와아!" 하는 함성과 더불어 천지를 진동하는 우렁찬 박수 소리가 터져
나왔다. 곳곳에서는 '그럼 그렇지' 하면서 가슴을 쓸어내리는 모습도 보
였다.

두 번째는 언론의 자유 침해에 대한 판결 요지였다.

> **청와대 문건 외부유출과 관련된 『세계일보』의 보도를 비난한**
> **사실은 인정된다.**
> **그러나 『세계일보』에 대한 압력 행사에 피청구인이 관여했다**
> **고 인정할 증거가 없다.**

이 역시 기각이라는 것이었다.

탄핵 사유로 청구한 두 가지 사유가 모두 기각이라는 주문이 이어지자 이에 기각을 속단해 버리고 흥분한 사람들이 양손에 태극기를 흔들며 덩실덩실 춤을 추기 시작했다.

세 번째, 세월호 사건.

세월호 사고는 참혹하기 그지없는 것이다.
그러나, 피청구인이 참사 당일 직책을 성실히 수행하였는지 여
부는 탄핵 심판 절차의 판단 대상이 되지 아니한다.

역시 '그러나'였다. 탄핵 심판 청구 4가지 사안 중 3가지를 모두 탄핵 사유로 인정하지 않겠다는 요지의 설명이었다. 태극기를 흔드는 사람들, 촛불을 든 사람들, 그리고 TV를 통해 생중계를 지켜보고 있던 대부분의 국민이 '헌법재판소가 결국 탄핵 기각으로 결정을 내렸구나' 생각하게 만드는 설명이었다. 그러나 예상할 수 없었던 반전이 벌어지고 말았다. 마지막 탄핵 사유인 '최서원에 대한 국정 개입 허용과 권한 남용' 대목에 이르자 이정미 재판관의 목소리가 순식간에 톤을 높이며 차가운 금속성의 목소리로 돌변해 버렸다.

피청구인의 법 위배행위가 헌법 질서에 미치는 부정적 영향과
파급효과가 중대하므로 피청구인을 파면함으로써 얻는 헌법수
호의 이익이 압도적으로 크다. 따라서 피청구인 박근혜 대통령
을 파면한다.

조금 전까지 덩실덩실 이깨춤을 추며 태극기를 흔들던 시위 참가자들은 아연실색하고 말았다. 파면이라고? 탄핵이 인용되었다고? 모두 믿을 수 없다는 듯 허탈한 표정으로 연단을 바라보았다. 숨죽인 채 중계화면을 지켜보고 있던 정광용이 침통한 표정을 지으며 자리에서 일어나 마이크를 잡았다.

"헌재 재판관 8명은 정의와 진실을 외면하고 불의와 거짓의 편이 되어 버렸습니다."

순간 누군가가 "가자! 헌재로 쳐들어가자!"라고 소리 지르자 여기저기서 "가자! 헌재로!" 하며 한꺼번에 수많은 시위대가 경찰이 설치해 놓은 차 벽 쪽으로 몰려갔다. 이에 경찰의 방어선이 차 벽 쪽으로 쏠리기 시작했다. 차 벽을 무너뜨리려는 시위대와 이를 저지하는 경찰이 맞서면서 처절한 대치가 펼쳐졌다. 시위대의 일부는 차 벽을 발로 차기도 했고 버스를 밧줄로 묶어 끌어당기는 모습도 보였다. 자신을 월남전 참전 용사라고 소개했던 사람이 갑자기 웃통을 벗어 버리고 날카로운 가위를 목에 대며 차 벽을 치우지 않으면 목줄을 끊어 버리겠다고 버티다가 경찰 특공대에게 진압당하여 끌려가기도 했다.

이처럼 차 벽을 사이에 두고 시위대와 경찰의 대치가 긴박하게 진행되기 시작하자 정광용이 다시 연단에 올라섰다.

"우리는 평화로운 시위를 약속합니다. 경찰은 제발 차 벽을 치워 주십시오. 잘못하면 사고가 납니다. 다시 말씀드립니다. 차 벽을 치워 주십시오!"

그러나 경찰은 마치 차 벽을 마지노선으로 하여 더는 물러날 수 없다는 듯 완강한 태도로 방어선을 풀어주지 않았다. 얼마 지나지 않아 갑자기 누군가의 다급한 외침이 들렸다. "여기, 사람이 죽어 가고 있어요! 피범벅이라고요! 어서 구급차를 불러 주세요!"

외침 소리가 들리는 차 벽 앞으로 경찰차에 설치되어 있던 스피커가 박살이 난 모습으로 뒹굴고 있었고 누군가 쓰러져 있는 모습이 보였는데 일대는 그가 흘린 피가 흥건하게 고여 있었다. 시위대 중 누군가가 경찰 버스를 탈취하여 차 벽과 충돌했는데 그 과정에서 버스 위에 설치된 선무용 철제스피커가 아래로 떨어지면서 그를 덮쳐 버린 것이다. 몰려든 인파로 진입에 애를 먹으며 겨우 도착한 구급차에 의해 급하게 인근 병원으로 실려 간 그는 1시간 동안의 심폐소생술에도 불구하고 결국 목숨을 잃고 말았다.

그러나 희생자 발생은 여기서 그치지 않았다. 시위참여자의 사망 소식에 이성을 잃은 시위대가 격앙된 모습으로 안국역 4번 출구 쪽으로 몰려갔지만, 경찰이 방어선을 풀어주지 않아 순식간에 일대가 아수라장이 되었다. 이를 저지하려는 경찰과 취재 중인 기자들 사이에서도 다수의 부상자가 속출했고 시위대 중 두 명의 의식 불명자가 다시 구급차에 실려 갔는데 다음 날 모두 숨을 거두고 말았다. 희생자들은 정치와는 일면식도 없는 사람들이었으며 그들 중에는 자신뿐만 아니라 두 아들까지 조국 방위를 위해 군인으로 평생을 바쳤던 예비역 장교도 있었다. 그러나 그들은 차가운 길거리에서 태극기를 흔들며 오로지 조국을 수호하는 마음으로 '탄핵 반대!'를 외치다가 한 줄기 빛도 영광도 없이 처참하게 태극기 품속으로 영원히 떠나 버리고 말았다.

웬일인지 언론들은 이날의 처참한 사태에 대해 대부분 침묵으로 일관했고 일부 언론만이 '헌재의 판결'에 불복하는 시위대의 폭력 사태로 인하여 경찰과 기자, 시위대에서 희생자가 나왔다는 몇 줄 기사를 송출하여 대부분의 국민은 이날 벌어진 참혹한 사태를 알 수가 없었다. 얼마 전에 민중총궐기 현장에서 물대포를 맞아 사망한 '농민 백남기 사건'은 온 나라가 들썩일 정도로 요란하게 앞다투어 보도에 열을 올렸던 것과 비교할 때 너무나 냉정한 언론의 모습이었다.

헌법재판소가 박근혜 대통령에 대한 파면을 결정함에 따라 탄핵 반대나 탄핵 기각은 더 이상 의미가 없게 되었고, 이에 탄기국은 명칭을 국민저항본부(대통령탄핵 무효 국민저항 총궐기 운동본부)로 바꾸고 안국동 희생자 발생 열흘 뒤 시청 대한문 앞에서 '애국열사 애국 국민장 영결식'을 진행했다. 주최 측 추산으로 약 30만의 태극기가 이날의 영결식장을 메웠다고 했다. 영결식은 시종일관 엄숙하고 차분한 분위기 속에서 기독교 추모예배 형식으로 진행되었다. 국민저항본부의 공동대표로 연단에 오른 정광택이 눈물을 글썽이며 조사를 읽어 내렸다.

"이곳 대한문에서 비가 오나 눈이 오나 태극기를 흔들며 우리
와 마음을 함께 하셨던 열사님들을 떠나보내는 우리의 마음은
한없이 슬프고 비통합니다. 진실과 양심을 던져 버린 채 엉터
리로 국민을 농락한 세력에 맞서 항거하다 끝내 조국에 목숨을

바친 애국심에 우리 모두 고개를 숙입니다. 열사님들이 못다 이루신 한을 풀어드리기 위하여 우리는 모든 역량을 결집하겠습니다. 열사님들이 희망하셨던 잘 사는 대한민국, 행복한 대한민국을 우리가 만들어 드리겠습니다."

참석자들이 운구차에 국화꽃 대신 태극기를 하나둘씩 바치는 것을 마지막으로 영결식의 모든 절차가 끝났다. 노제를 위해 운구차가 안국동 비극의 장소를 향하는 순간 참석자 모두가 자리에서 일어나 애국가를 부르기 시작했다. 복받쳐 오는 눈물과 함께 제창된 애국가는 1절에서 다시 2절 그리고 3절, 4절까지 이어졌다.

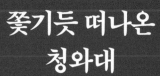

쫓기듯 떠나온
청와대

서울특별시 종로구 세종로 1번지. 이곳에 북악산을 배경으로 청와대 본관과 상춘재, 영빈관, 춘추관 및 기타 부속실이 있다. 풍수설에 의하면 삼각산 등 주변의 산들이 서로 등진 상태로 청와대가 위치한 곳을 수호하고 있는 명당이라서 이곳에 도읍을 정하면 4면의 바다에 있는 나라들이 앞다투어 조공을 바칠 것이라 하여 조선 시대 경복궁의 북쪽인 이곳에 충순당, 취로당 등의 전각을 지었던 것이 청와대의 시초라 하였다. 이후 이곳에는 임금의 휴식 공간인 경무대가 자리하게 되었고 일제 강점기에는 조선 총독부의 관저로 사용되었다. 독립 후에는 이승만이 경무대라 칭하며 대통령의 관저로 사용하게 되었는데 윤보선 대통령 시절 '푸른 지붕'을 뜻하는 청와대로 개칭되어 오늘에 이르고 있다고 했다.

그러나 이곳은 풍수지리상 흉지로서 이곳에 거처를 정하면 수많은 불행을 초래하게 된다는 주장도 있었다. 이승만이 이곳에 있다가 4.19로 하야하여 해외로 망명하였고 육영수 여사와 박정희 대통령의 비극적 죽음, 노무현 대통령의 극단적 선택, 전두환, 노태우 대통령의 구속수감 등 일련의 사태들이 바로 청와대의 입지가 최악의 흉지이기 때문에 이어지고 있다는 것이다.

그런데 이번에는 헌정사상 초유인 탄핵 결정으로 인해 헌법재판소가 박근혜 대통령을 파면함으로써 얼마 남지 않은 임기를 채우지 못한 채 그녀가 청와대를 떠나야 하는 최악의 상황을 맞이하게 된 것이었다. 특히 그녀 박근혜 대통령에게 이곳은 너무나 비극적인 절망의 장소였다. 온 국민의 추앙을 받고 있었던 어머니를 흉탄으로 떠나보내야 했고 연이어 아버지마저 참혹한 모습으로 그녀 곁을 떠나 버린 곳이었기 때문이다. 탄핵 결정으로 인해 그녀는 전직 대통령에 지급하는 연금, 기념사업 지원, 비서관·운전기사 지원, 사후 국립묘지 안장 등의 모든 예우를 박탈당하고 말았다. 그러나 무엇보다도 가혹한 탄핵의 형벌은 생명보다도 소중한 대통령으로서의 명예를 박탈당한 것이었다. 그러나 촛불시위대를 비롯해 탄핵에 앞장섰던 언론들은 무혈혁명을 이루어 냈다고 흥분하면서 탄핵 결정과 동시에 대통령이 청와대를 당장 떠나야 하는데 왜 머뭇거리고 있느냐면서 그녀를 건조물 침입, 업무방해죄로 형사 고발하는 마녀사냥식의 폭거를 자행하였다. 4년 동안 비워 두었던 삼성동 사저의 난방과 긴급 수리를 위해 불과 이틀이라는 시간조차도 허락할 수 없다는 것이었다.

결국, 그녀는 탄핵 결정 56시간 만인 2016년 12월 9일 저녁 7시 17분에 녹지원에서 각료들과 청와대 직원들의 눈물겨운 배웅을 뒤로하고 다시 한번 서둘러 청와대를 떠나야만 했다. 청와대를 나선 그녀의 차량은 독립문, 삼각지를 거쳐 반포대교를 지나 불과 20여 분 만에 삼성동 사저에

도착했다. 그곳에는 늦은 밤까지 지지자들이 그녀를 기다리며 '탄핵 무효'를 외치고 있었다. 그녀는 차에서 내려 그들을 향하여 감사의 마음으로 잠시 목례를 보낸 후, 현관 앞에서 기다리고 있던 친박계 의원들과 차례차례 악수한 뒤 말없이 사저로 들어섰다. 잠시 후 거실로 추정되는 2층의 불빛이 켜지더니 얼마 후 짙은 커튼이 환한 불빛을 가리는 모습이 보였다. 밖에서는 여전히 '탄핵 무효'를 외치는 시위대의 성난 목소리가 들려오고 있었다. 얼마 지나지 않아 거실의 불빛도 사라지고 그녀의 삼성동 사저는 깊은 어둠 속으로 뒤덮여 버리고 말았다.

어머니와 아버지를 떠나보내고 쫓기듯 청와대를 떠나 텅 빈 신당동으로 돌아왔던 순간에 그녀를 막아섰던 어둠의 장막이 다시 이곳에 펼쳐지고 있었다. 어느 날 갑자기 순식간에 다가와 그녀에게서 모든 것을 앗아가 버리고 절망의 나락 속으로 던져 버린 것이었다. 돌이켜 보면 JTBC의 국정농단 첫 보도 이후 헌법재판소의 탄핵 결정에 이르기까지 숨 가쁘게 진행되었던 일련의 사태들은 아버지를 향했던 총부리보다 더 잔인하게 그녀의 심장을 난도질하고 있었다. 그녀를 향한 잔인한 칼날은 역대 누구보다 정직했으며 청렴하고 강직했던 그녀를 순식간에 무능한 꼭두각시 대통령, 부패한 대통령, 저능한 대통령으로 만들어 버렸다.

그녀의 유일한 삶의 동력이었던 국민이 그녀에게서 등을 돌리며 돌아선 마당에 아, 이제 무엇에 의지하여 남은 삶을 살아야 할 것인가. 하늘이시여! 하늘이시여! 뼛속까지 밀려드는 절망감으로 맥을 놓아 버리고 있던 그녀는 이른 새벽이 되어서야 앉은 자세로 설핏 잠이 들었다.

"근혜야! 근혜야!"

누군가 그녀를 부르고 있었다. 귀에 익은 목소리라고 생각하며 고개를 돌려 보니 뜻밖에 어머니가 환한 웃음으로 그녀에게 다가오고 있었다. 프랑스로 어학연수를 떠났던 날 입고 있었던 한복 차림의 모습이었다. 어머니는 아무 말 없이 그녀를 껴안았다. 어머니의 따사로운 온기가 그녀의 가슴에 밀려왔다. 한참 동안을 말없이 안아 주던 어머니가 드디어 입을 열었다.

"근혜야, 미안하구나."
격한 감정 때문인지 조금 떨리는 목소리였다.
"나는 네가 유학 생활을 마치고 대학교수가 되어 평범한 가정을 꾸리며 행복한 삶을 살아 주기를 원하고 있었다. 그런데 우리가 너를 지켜 주지 못하고 먼저 떠나는 바람에 너 혼자 남아서 이토록 엄청난 시련을 감당하게 만들어 버렸구나."

어머니는 한 손으로 가슴을 쓸어내리며 애처로운 표정으로 그녀를 바라보았다.
"아니에요. 어머니와 아버지께서 갑자기 떠나가신 이후 저는 두 분이 이루지 못한 유업을 이어받아야 한다는 것을 숙명으로 알고 살아왔어요. 많은 국민이 조국의 안위와 국민 행복을 위해 희생하신 두 분의 유업을 제가 대신해서 이루어 줄 것이라 기대하며 힘을 주었기 때문이에요."

어머니가 그녀의 손을 끌어 두 손으로 꼭 안으며 마지막 당부를 이어 갔다.

"근혜야, 너의 잘잘못은 후대의 역사에서 정당한 평가를 받게 될 것이 다. 나는 네가 부모를 모두 떠나보내던 참혹한 순간들을 슬기롭게 극복 하며 오늘에 이르는 자랑스러운 모습을 지켜보고 있었다. 아직도 많은 사람이 네가 마지막까지 국가의 안위와 국민 행복을 위해 최선을 다해 줄 것으로 믿고 있다는 것을 잊지 말아라. 어머니에게 약속해 다오. 절 대로 스스로 포기하거나 체념해 버리지 않겠다고. 약속할 수 있지?"

애걸하듯 그녀를 바라보는 어머니의 눈에서는 홍건한 눈물이 흐르고 있었다.

"네, 어머니! 약속할게요. 절대로 스스로 포기하거나 좌절해 버리지 않 겠다고. 저는 죽는 날까지 어머니와 아버지의 자랑스러운 딸 박근혜로 살아갈 거예요. 그리고 제게는 대한민국을 위해 아직 이루지 못한 꿈들 이 남아 있어요. 제 삶의 마지막 순간까지 그 꿈들을 이루기 위한 노력을 계속할 것이니 지켜봐 주세요."

"홀가분하게 떠나게 해 주어 고맙구나. 이제 나는 너를 둘러싸고 있는 저 어둠의 장막으로 들어가 다시는 네 앞에 나오지 못하도록 꽁꽁 묶어 버릴 것이다. 믿고 기다려 다오. 새날이 오면 새로운 태양이 다시 떠오 른다는 것을."

그녀는 너무나 간절하고 애절한 어머니의 눈빛과 마주할 수가 없었다. 고개를 숙인 채 흐르는 눈물을 두 주먹으로 주체하고 있었을 뿐이었다. 그녀가 겨우 진정하며 고개를 들었을 때 어머니의 모습은 이미 어둠의 장막 속으로 사라진 후였다.

구속영장 청구

그녀의 구속영장 실질심사는 무려 8시간 41분에 걸쳐 진행되었다. 영장 실질심사제도 도입 후 가장 긴 시간에 걸쳐 진행된 것이었다. 검찰이 청구한 구속영장 주 사유는 '제3자뇌물수수죄'였는데 범죄 사실을 소명하기 위해 제출한 서류들은 대부분 신문 기사 등을 바탕으로 한 정황증거 서류였고 그중에는 이미 오보로 판명된 기사들이 상당수 포함되어 있었다. 뇌물죄가 성립하기 위해서는 뇌물수수가 이루어진 시간과 장소, 금액이 특정되어야 하고, 구체적 대가관계를 입증하는 증거서류들이 첨부되어야 함에도 검찰이 객관적이고 명백한 증거서류를 제출하지 못한 것은 그녀가 단돈 1원도 부정 청탁을 위한 더러운 돈을 받은 사실이 없었기 때문이었다. 그녀는 뇌물과 관련된 검찰의 신문에 대해 다음과 같이 대답했다.

"사람을 어떻게 그렇게 더럽게 만듭니까! 저는 대한민국을 위해 임기 3년 반, 하루하루를 노력했습니다. 만약에 뇌물을 받는다면 제가 쓸 수 있게 몰래 받지, 모든 국민이 다 아는 공익재단을 만들어서 출연을 받겠습니까. 모든 기업은 항상 현안이 있습니다. 재단 출연금까지 뇌물로 본다면 그동안 기업들이 정부가 주도하는 일에 성금을 내거나 하는 것도 전부 뇌물이라는 것인데 이것은 말이 안 되는 것입니다."

사실이 그러했다. K스포츠, 미르재단 출연금 모금은 그녀가 문화 융성을 통하여 경제성장의 동력을 얻겠다고 약속한 공약을 이행하기 위해서 공개적으로 추진되었던 것이었다. 그리고 더욱 중요한 것은 범죄가 소명되기 위해서는 범의가 분명하였음을 증명하여야 하는데 남편도 자식도 없이 혈혈단신인 그녀가 대통령의 명예와 수십억의 뇌물을 맞바꿀 만큼 어리석었는지도 그녀가 보여 주었던 행적으로 검증해 볼 필요가 있었다. 역대 대통령들이 대부분 친인척이나 주변 인물들의 부패 스캔들에 휘말려 한바탕 곤욕을 치르던 것에 반하여 그녀는 유일한 혈족인 박지만과 박근령과의 교류마저 단절하는 모습으로 주변을 엄격하게 관리하였기 때문에 최서원의 경우를 제외하고는 단 한 번도 부패 관련 스캔들이 발생하지 않았다. 또한, 그동안 헌정사에서 노태우, 전두환 대통령처럼 소위 통치자금이라는 명목으로 대통령이 수천억 원의 비자금을 마련하여 언론을 길들이고 자신을 지원하는 정치세력을 후원하기 위하여 사용했던 것과는 달리 그녀는 오로지 정직하고 청렴한 대통령의 길을 외롭게 걸어가는 것이 국가 안위와 국민 행복을 위한 길이라 생각하고 있었다.

그녀는 각종 이해관계가 얽힌 국정 수행 과정에서 때로는 언론과 일부 정치 세력들의 은근한 협박과 회유를 받기도 했으나 시종일관 단호하게 이들을 물리쳐 이겨 내는 강직한 모습을 보여 주고 있어서 고집불통이라는 역공을 받기도 했다. 이 때문에, 비록 대통령이 탄핵 심판에 의해 파면된 결과 앞에서도 대부분의 국민은 그녀가 대통령의 직무수행 과정에서 자신을 위해 뇌물을 받은 일은 없었을 것이며 다만 최서원이 사익을 추구한 부분에 대하여 이를 알고도 용인하였는가의 관점에서 추이를 지켜보고 있었을 뿐이었다.

그리고 여기서 한 가지 간과해서는 안 될 부분이 있다. 탄핵 사태의 시발점이었던 JTBC의 국정농단 보도 이후 그녀가 서둘러 최서원의 행위에 대한 자신의 책임을 인정하고 사과문을 발표해 버린 것에 대한 것이다. 당시 최서원 관련 보도들은 최서원 개인의 각종 비리를 교묘하게 국정 농단으로 오도하고 있었던 상황이었다. 그러나 이후에 재판을 통해 최서원의 행위들은 국정농단이 아니라 최서원이 사익 추구를 위해 행했던 단순한 최서원 스캔들이고, 그녀는 최서원의 사익 추구를 대부분 재판 과정에서 비로소 인지하게 된 것으로 밝혀졌다는 것이다.

따라서, 그녀는 당시 최서원의 이러한 비리 행위들을 철저히 관리·감독하여 예방하지 못한 부분에 대한 자신의 책임을 통감하면서 사과문을 발표한 것이었다. 그러나 언론과 진보 세력들, 일부 정치인들은 최서원이 국정농단을 자행했고 대통령이 그러한 최서원의 행위에 대하여 대통령이 책임을 인정했다는 방향으로 국민을 오도하면서 탄핵 국면을 증폭시키고 말았다. 그녀의 사과가 오히려 역공의 빌미가 되어 버렸다. 따라서 1차 사과문 발표 시 국정농단이라는 것은 어디에도 없는 것이며 최서원의 비리 행위도 사전에 인지하지 못했으나 관리·감독자로서 책임을 통감하여 사과드리는 것이리고 분명히 선을 그었어야 했다.

그녀가 아닌 다른 정치인이었다면 신의를 배반한 괘씸죄를 적용하여 엄벌할 것이라고 발표했을 것이다. 그러나 박근혜 대통령 그녀는 차마 그러한 표현을 사용할 수가 없었다. 정치인이기 전에 인간으로서 절망의 순간에 그녀를 지켜 준 그녀에 대한 애증을 지울 수가 없었기 때문이었다. 그런데 그것이 그만 화근이 되어 버렸다.

탄핵 심판으로 모든 것을 박탈당한 대통령에 대한 검찰의 방향은 이미 확고하게 정해져 있어서 전직 대통령의 예우 따위를 고려할 이유도 시간도 없는 듯했다. 검찰은 속전속결로 그녀에 대한 구속영장을 청구하여 버렸다.

구속은 피의자가 도망가거나 증거를 인멸하는 것을 방지하기 위해 불가피한 경우에만 인신을 구속하는 제도로서 엄격하게 심사하여 예외적으로 인정하는 것이 원칙이다. 형이 확정되지 않은 사건의 피의자는 무죄 추정의 원칙에 의해 부당하게 인신이 구속되지 않아야 할 권리가 있기 때문이다. 구속되어 재판장으로 향할 때, 교도관은 피의자의 양손에 수갑을 채우고, 다시 포승줄로 묶는데 포승줄의 끝을 교도관이 이끌고 있어서 미결수임에도 불구하고 마치 교도관에 끌려가는 죄인의 모습으로 일반 국민에게 비추어질 것이다. 그러나 아직 확정판결이 나지 않은 대통령을 구속하여 그렇게 잔인하게 다룬다면 그것은 사실상 인민재판이나 다름없지 않은가. 더구나 이미 수개월에 걸쳐서 엄청난 인원이 투

입된 특검 조사로 대부분 혐의에 대한 수사가 이미 완료된 상태라서 증거인멸의 우려도 없고 대한민국 국민이라면 모두 대통령을 알아보는 마당에 도대체 어디로 도주하여 숨을 수가 있다는 말인가.

오랜 시간 동안의 영장실질심사로 심신이 지쳐 버린 상태에서 잠시 대기 중이었던 그녀는 2017년 3월 31일 새벽 무렵에 구속영장이 발부되어 검찰이 마련한 검은색 승용차를 타고 서울구치소로 향했다. 구치소에 도착하자 일반 수감자와 마찬가지로 수감 절차가 진행되었다. 이름과 주민등록번호, 주소에 대한 문답이 이루어졌고 지문채취를 마친 후 연두색 수의로 갈아입고 수용기록부에 첨부될 사진 촬영이 진행되었다. 가슴에는 503이라는 수형 번호가 적혀 있었다.

그녀는 교도소 내에서의 금지행위와 일과 안내에 대한 동영상을 시청한 이후에 드디어 수감장소로 안내되었다. 대통령이 수감되는 곳은 10.6제곱미터로 3평 남짓한 여성 미결수 독방이었다. 일부 언론들이 그녀가 수감과정에서 감방 안으로 들어서기를 머뭇거리며 하염없이 눈물을 흘렸다고 보도했지만, 그것은 사실과 다른 오보였음이 드러났고, 의외로 그녀는 체념하듯 잠시 눈을 감고 있다가 이내 담담하게 수감에 응하는 모습을 보인 것으로 밝혀졌다. 얼마 후, 구치소에서의 첫 끼니가 제공되었다. 조그마한 빵과 수프, 두유 하나, 간단한 야채샐러드로 1,400원짜리 식단이라고 했다. 그녀는 담담한 모습으로 식단을 깨끗이 비운 후 규율에 따라 찬물로 설거지를 하고 그릇을 배식구로 내놓았다.

그녀의 구치소에서 첫날은 새벽에 도착하여 이렇게 진행되었는데 이후 이러한 수감 생활이 무려 4년 9개월이나 계속되었다. 반란수괴와 수천억 원의 뇌물죄로 대법원에서 무기징역과 추징금 2,259억 원이 확정 선고된 전두환 대통령과 징역 12년과 추징금 2,838억 원의 선고를 받은 노태우 대통령이 형기를 2년도 안 채우고 특별사면으로 풀려났던 것에 비하면 유난히 그녀에게만 엄격하고 가혹하게 형이 집행된 것이었다. 과연 그녀의 범죄혐의가 전두환, 노태우 두 전직 대통령과는 비교될 수 없을 만큼 더 막중했기 때문이었을까?

"

각본에 의하여
진행되는 재판

"

검찰이 그녀에게 적용한 범죄혐의는 모두 28개인데 크게 분류하면 직권 남용죄, 공무상 비밀 누설죄, 제3자뇌물수수죄이다. 대통령의 업무수행은 근본적으로 통치행위이므로 위의 범죄혐의가 통치행위라는 국정 수행 과정에서 발생한 것이라면 과연 그런 범죄혐의가 헌법수호의 의지가 없거나 민주적 기본질서에 반할 정도로 중대한 것이었나가 우선적인 판단 기준이 되어야 할 것이다.

아울러 직권 남용죄, 공무상 비밀 누설죄, 제3자뇌물수수죄는 모두가 이를 바라보는 시각에 따라 유무죄가 판가름 나는 것인데 검찰이 범죄혐의를 위하여 제출한 증거서류들은 대부분 언론 보도나 비서관의 업무수첩을 전제로 한 상황증거에 불과했다.

결론적으로 헌법재판소가 사법부의 최종 심판을 기다려 탄핵 심판을 결정해야 하는데, 3개월 만에 서둘러 탄핵 심판을 종결시켜 버리는 바람에 이후 진행된 사법부의 재판은 오히려 헌재의 결정에 정당성을 부여하는 일종의 형식적 절차로 진행된 것으로 볼 수 있다. 게다가 그녀와 대립각을 세우고 있었던 민주당의 문재인이 대통령에 당선되었고 그녀에게 '국정농단'의 악의적 프레임을 씌운 언론과 민주노총 등의 진보세력으로 불리던 사람들이 새 정권의 전면에 등장하여 '적폐 청산'을 외치고 있는 마당에 누가 그녀의 말에 귀를 기울여 줄 것인가. 잘못하다가는 순식간에 적폐 세력으로 몰려 그녀처럼 자신이 가진 모든 것을 내놓아야 하는 상황이 될 수도 있었다. 따라서 그녀에 대한 재판은 이미 정해진 각본에 의해 진행될 수밖에 없었다. 결국, 그녀는 새 정권 탄생을 위한 희생양이 되어 일주일 중 수요일 하루만 빼고 강행군으로 진행되는 재판에 포승줄에 묶인 모습으로 끌려 나와야만 했다.

확정판결이 나지 않은 피의자에 대한 구속 시한은 소 제기일로부터 6개월이므로 이 기간이 지나면 구속영장의 효력이 상실되어 불구속 상태에서 재판에 임하게 되는 것이 원칙이다. 그래서 사람들은 그녀의 구금이 6개월을 넘어서자 자유로운 신분으로 돌아와 재판을 이어 갈 것으로 기대하고 있었다.

그러나 검찰은 가혹하게 기구속영장 청구서에 기재하지 않은 별건 공소사실을 근거로 하여 구속 기간 연장을 신청했다. 이에 대해 그녀의 변호인 유영하 변호사는 "재판이 정권교체나 사회 분위기, 언론 보도에 영향을 받아서는 안 된다. 대통령은 생명보다 소중한 명예와 삶 모두를 잃었고 탄핵으로 이미 정치적 사형 선고를 받은 만큼 추가 구속영장을 발부해 달라는 검찰의 요청을 기각해 달라"고 요청했다. 그러나 재판장은 늘 해 오던 대로 "증거인멸의 우려가 있어 구속의 사유와 필요성, 상당성이 인정된다"라며 추가 구속영장을 발부했다. 무려 10만 쪽이 넘는 수사 기록이 이미 제출되었고 300명이 넘는 어마어마한 수의 증인이 신청된 마당에 무엇을 어떻게 시도하여 증거를 인멸할 우려가 있다는 것인지. 계속 이렇게 재판이 진행되어 정해진 결론을 향해 나간다면 대통령의 진정 어린 진술도 변호인의 간곡한 변론도 그저 거쳐야만 하는 형식적 절차에 불과한 것이 아닌가.

그녀가 구속되어 구치소와 재판정을 오가며 지루한 법정 공방이 벌어진 지 6개월여가 지나는 동안 그녀는 재판 시작 전에 재판부를 향하여 깍듯이 예를 표했고 단정한 모습으로 시종일관 꼿꼿한 자세를 유지하며 재판 중 중요 부분에 대해서는 메모하는 등 진지한 모습을 보여 주었다. 그러나 법정 구속 기한이 만료된 상태에서 법원이 다시 자신과는 전혀 관련이 없고 더구나 구속 이후 사실을 알게 된 SK그룹 뇌물 사건을 이유로 구속영장을 재발행하자 재판을 진행하는 것 자체가 누군가 이미 정해 놓은 프레임에 말려드는 것임을 통감하게 되었다.

결국, 그녀는 구속영장 재발부 이후 열린 첫 공판에서 다음과 같은 모두발언 이후 '재판거부'를 선언하기에 이르렀다.

"구속되어 주 4회씩 재판을 받은 지난 6개월은 참담하고 비참한 시간들이었습니다. 한 사람(최서원)에 대한 믿음이 상상조차 하지 못한 배신으로 되돌아왔고 이로 인해 저는 모든 명예와 삶을 잃었습니다.

무엇보다 저를 믿고 국가를 위해 헌신하시던 공직자들과 국가 경제를 위해 노력하시던 기업인들이 피고인으로 전락해 재판 받는 모습을 지켜보는 것은 너무나 참기 힘든 고통이었습니다.

하지만 염려해 주시는 분들께 송구한 마음으로 공정한 재판을 통해 진실을 밝히고자 하는 마음으로 담담히 견디어 왔습니다.

사사로운 인연을 위해서 대통령의 권한을 남용한 사실이 없다는 진실은 반드시 밝혀진다는 믿음과 법이 정하는 절차를 지켜야 한다는 생각으로 심신의 고통을 인내하여 왔습니다.

저는, 롯데나 SK뿐 아니라 재임기간 동안에 그 누구로부터도 부정한 청탁을 받거나 들어준 사실이 없습니다. 재판 과정에서도 해당 의혹은 사실이 아님이 충분히 밝혀졌다고 생각합니다.

오늘은 저에 대한 구속 기한이 끝나는 날이었으나 재판부는 검찰의 요청을 받아들여 지난 13일 추가 구속영장을 발부하였습니다. 하지만 검찰이 6개월 동안 수사하고 법원은 다시 6개월 동안 재판을 했는데 다시 구속수사가 필요하다는 결정을 저로서는 받아들이기 어려웠습니다. 변호인들은 물론 저 역시, 무력감을 느끼지 않을 수가 없었습니다. 그리고 오늘 변호인단은 저에게 사임의 의사를 전해 왔습니다.

이제 정치적 외풍과 여론의 압력에도 오직 헌법과 양심에 따른 재판을 할 것이라는 재판부에 대한 믿음이 더는 의미가 없다는 결론에 이르게 되었습니다.

향후 재판은 재판부의 뜻에 맡기겠습니다. 이로 인해 더 어렵고 힘든 과정을 겪어야 할지도 모르겠습니다. 하지만 포기하지 않겠습니다. 저를 믿고 지지해 주시는 분들이 있고 언젠가는 진실이 밝혀질 것이라 믿기 때문입니다.

끝으로 법치의 이름을 빌린 정치보복은 저에게서 마침표를 찍었으면 합니다. 이 사건의 역사적 멍에와 책임은 제가 지고 가겠습니다. 모든 책임은 저에게 묻고 저로 인해 법정에 선 공직자와 기업인에게 관용이 있길 바랍니다."

그녀의 발언이 끝나자 당황한 재판장은 잠시 휴정을 선포했다. 이후 재판이 속개되었으나 "대통령님, 힘내세요", "탄핵 무효", "차라리 나를 사형시켜라"라는 방청객들의 격한 고함이 가득한 가운데 사방에서 흐느끼는 울음소리가 들려왔다. 변호사가 모두 사임하여 홀로 남은 유영하 변호사가 마지막 변론을 진행하였다.

"박근혜 대통령에 대한 추가 영장 발부는 그 어떤 이유로도 합리화될 수 없다. 사법 역사상 가장 치욕의 날이라고 역사는 기록할 것이다. 살기가 가득한 이 법정에 피고인을 홀로 두고 떠난다."

그날 이후 그녀는 재판장에 모습을 보여 주지 않았고 걸국 1심 선고일인 2018년 4월 6일 판결문을 선고할 때 피고인과 변호인 자리는 텅 비어 있었다. 재판장은 비어 있는 피고석 자리를 바라보며 혼자서 판결 이유와 주문을 낭독해야 했다. 선고의 내용은 징역 24년과 벌금 180억 부과였다. 66세의 대통령을 향해 90세까지의 형을 선고한 것이었다. 만일 그녀가 그때까지 건강을 유지하지 못해 복역 중 사망에 이르게 되면 사실상 무기징역을 선고한 것과 다름없는 너무나 가혹한 형벌의 선고였다. 이러한 모습은 최종 판결이 아닌 1심 판결이라는 점과 피고인 그녀가 반대했음에도 불구하고 공공의 이익을 위한다는 명분으로 국민에게 생중계로 방송되어 전직 대통령에 대한 무자비한 정치보복이라는 비난을 초래하게 되었다.

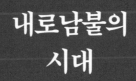

내로남불의
시대

그녀의 탄핵과 수감으로 인해 19대 대통령 선거는 탄핵 선고 2개월 후인 2017년 5월 8일에 실시되었다. 민주당의 문재인 후보가 유권자의 41.08%인 1,342만 표로 대통령에 당선되었는데 전임 박근혜 대통령의 득표율 51.55%와 득표수 1,577만 표에 비하여 상대적으로 저조한 지지율을 기록했고 지역별 지지율 분포도 전라북도 64.84%, 광주 61.4%, 전라남도 59.87%에 편중된 것으로 나타났다.

그러나 그녀의 탄핵을 주도한 민주당, 민주노총, 언론노조, 종편과 진보세력들은 승리에 도취되어 촛불시위를 촛불혁명이라 부르면서 무혈혁명이 이루어 낸 결과로 자화자찬하고 있었고 이후 진행될 내각과 정부의 요직 인사에 그들이 대거 참여하여 촛불정신을 실현하는 데 앞장서야 한다고 주장했다.

새로운 정부가 들어서면 과거의 정부와 차별화되는 개혁적인 모습을 보이기 위한 새로운 정책을 표방하는데 문재인 정권이 내세운 것은 듣기만 해도 사람들을 긴장하게 만드는 '적폐 청산'이었다. 오랜 기간 관행적으로 여겨지면서 쌓여 있는 각종 악습을 청산하겠다는 것이었다. 그러나 적폐 청산은 대상의 범위가 특징되지 않고 악습의 구체적 정의가 모호하여 악용해 버리면 과거 정권에 참여한 모두가 그 대상이 될 수가 있으며 악습의 잣대를 어떻게 다루느냐에 따라서 본의 아니게 수많은 희생자가 발생할 위험이 큰, 무서운 칼날과 같은 것이었다. 그러나 문재인 대통령은 취임하자마자 '적폐 청산'을 국정 수행과제 제1호로 내세우며, 다음과 같이 말했다.

> "많은 적폐를 만들어 낸 근본 원인을 제거해야만 적폐가 청산될 수 있다. 법을 통해서도 개혁의 노력을 하겠지만, 만약 법이 통과되지 않으면 대통령이 가지고 있는 모든 수단과 방법을 총동원해서 첫해부터 강력하게 해 나갈 계획이다. 나는 그것이 대통령이 가지고 있는 많은 권한을 제대로 행사하고, 또 우리 국민이 지금 촛불을 들고 있듯이 강력한 국민의 지지가 있다면 얼마든지 돌파해 낼 수 있다고 생각한다. 10년이 아니라 15년, 20년, 30년 계속되어야만 우리 사회의 여러 가지 몰상식하고 비정상적인 모습들을 근본적으로 바꿔 낼 수 있을 것이다."

이에 따라 정부에는 국정 전반에 걸쳐 무차별적으로 '적폐 청산 TF'가 설치되기 시작했다.

교육부에서는 국정 교과서 발행과 관련하여 우 편향적인 역사관에 관여한 부분에 대한 적폐 청산이 시작되었고 문체부에서는 문화 · 체육 관련 블랙리스트가 적폐 청산의 타깃이 되었다.

외교부는 그녀가 합의한 위안부 문제가 적폐 청산의 입장에서 재검토되면서 합의 파기가 선언되었다.

이뿐만 아니라 이명박 대통령이 4대강 등 국정 수행 과정에서 뇌물수수, 조세 포탈, 국고 손실 혐의로 구속되었고, 수출의 효자 종목으로 급부상하던 원전에 대하여도 적폐 청산을 외치며 엄청난 혈세를 낭비하면서까지 탈원전 정책을 무리하게 강행해 버리고 말았다.

또한, 국정원은 27개의 사건을 특별히 지정하여 적폐 청산 TF를 발족시킨 후 전면 재수사 작업을 진행했다. 국정원 전 현직 임직원 350명을 수사하여 46명을 기소했는데 이들 중 남재준, 이병기, 이병호, 원세훈 전 국정원장이 구속되었다.

이처럼 문재인 대통령이 국정 수행과제 1호로 내세운 '적폐 청산'은 그야말로 전방위적으로 무차별하게 진행되어 과거 전두환 정권 등장 시절에 진행되었던 공무원들에 대한 강제 할당식의 무서운 숙청 작업과 보안사와 경찰의 주도로 진행되었던 우범자들에 대한 청송 교도소 이감 조치에 버금갈 정도의 것이라 할 수 있다.

그러나 검찰의 무리한 수사로 인해 박근혜 대통령의 동생 박지만의 막역한 친구인 이재수 기무사령관이 계엄령 검토 및 대통령 선거 개입과 관련된 수사 과정에서 스스로 생을 마감했고, 국가정보원 정치개입 사건으로 수사를 받던 정치호 변호사가 차 안에서 번개탄을 피워 놓고 일

산화탄소 중독으로 사망하는가 하면, 역시 국정원 선거 개입 수사를 받던 변창훈 검사가 투신하여 생을 마감하는 안타까운 일이 벌어지기도 했다.

적폐는 사실상 정치, 사회, 교육, 문화의 모든 방면에서 진보냐 보수냐를 가릴 것 없이 독버섯처럼 자라나는 것이므로 기왕에 적폐 청산의 기치를 드높이며 새 정부 국정과제의 제1순위로 삼았다면 당연히 국민 생활을 좀먹는 모든 분야를 대상으로 적폐 청산의 작업이 진행되어야 했다. 그러나 문재인 정부의 적폐 청산은 대상의 범위가 구정권의 집권 세력 및 보수 세력에 한정되어 정치보복이라는 의문을 지울 수가 없었다.

문재인 정권의 지원 세력인 국회와 언론, 민주노총 지도부 및 재야 시민단체의 경우를 보더라도 국회의원들의 탈법적 정치자금 비리, 언론들의 광고 강요 행위, 노조 지도부에 의한 세습 고용, 귀족노조, 회계의 불투명성 등의 적폐가 이어지고 있었고 일부 시민단체들은 운영자금을 기업들의 지원금에 의존하기도 했다.

기업들은 이들로부터 집중적인 공격을 당하지 않기 위해 기밀비 등을 별도 예산으로 편성하여 그들의 암묵적 횡포와 위협에 대한 일종의 보험료로서 지원금을 마련하기도 했다. 그들의 표적이 되기라도 한다면 멀쩡하게 잘나가던 기업들이 각종 악플과 비난 여론에 시달리면서 순식간에 존폐위기로 몰리는 경우가 허다하게 발생하고 있었기 때문이다. 그러나 문재인 정부 5년 동안 이들의 지원 세력들은 적폐 청산의 치외

법권적 보호를 받으며 오히려 승승장구했고 내로남불 행태를 보여 주어 촛불 민심이 문재인 정권에 등을 돌리는 현상이 나타나기 시작했는데 와중에 조국 법무부 장관의 자녀 입시 비리 사건이 터지고 말았다.

조국은 북콘서트나 SNS를 통해 공정과 정의를 줄기차게 외친 인물이었으며 사실상 문재인 대통령의 정치적 멘토라고 불리고 있었다. 이 때문인지 그는 문재인 정부의 등장과 더불어 민정 수석비서관으로 임명되어 국정과제 1호로 내세운 '적폐 청산'을 사실상 진두지휘하고 있었다. 그는 기회는 평등할 것이며 과정은 공정하고 결과는 정의로울 것이라고 외친 문재인 정부의 아이콘으로 떠오르며 국민 사이에서 유력한 차기 대선 주자로까지 거론되는 상황이었다. 그런 그가 표창장을 위조하고 지인들을 동원해 허위 경력을 부풀려 제출하는 방법으로 자녀를 대학에 부정 입학시켰다고 하니 국민이 느껴야 하는 허탈감과 배신감은 하늘을 찌르고 말았다.

박근혜 대통령의 탄핵에 기폭제가 된 최서원의 딸 정유라의 이화여대 부정 입학 사건이 이번에는 문재인 정부의 아이콘이라고 불리던 그에 의해 재연된 것이었다. 이어서 물꼬가 터진 듯 그에 대한 의혹들이 계속해서 나오기 시작했다. 부산대학 의전원장의 뇌물공여와 자녀에 대한 장학금 지급 의혹, 사모펀드 운영에 따른 공직자윤리법 위반, 유재수 부산 경제부 시장에 대한 감찰 무마 의혹, 가족들에 의하여 운영되고 있는 웅동학원의 교사 채용 비리, 횡령 혐의 등이 그것이었다.

그런데 문제는 청와대의 대응이었다. 사건이 일파만파로 확대되면서 비난 여론이 비등하고 있음에도 불구하고 문재인 대통령은 그를 공정과 정의를 주관하는 법무부 장관으로 임명하면서 측은지심으로 그를 옹호하고 나선 것이다. 비난 여론이 폭발하면서 광화문 광장으로 다시 '조국 파면'을 외치는 수십만의 인파가 몰려들기 시작했다. 시위는 과거 3.1절 태극기 집회와 같은 엄청난 인파로 규모가 커지면서 청와대 정문까지 진출하여 '조국 파면!'과 더불어 '내로남불 문재인 하야!'를 외치고 있었고 청와대로 향하는 길목에는 수많은 천막이 들어서며 밤샘 농성을 이어 가기 시작했다. 사태가 이렇게 확대되면서 정권 퇴진 운동으로 이어지자 결국 조국 법무부 장관은 취임 후 불과 35일 만에 법무부 장관직을 사직하고 말았다.

조국 사태는 문재인 정권의 레임덕을 알리는 신호탄이 되었다. 문재인 정권에 대한 민심의 이탈은 남북 정상회담의 허구성이 조명되고 치솟는 부동산 가격에 대한 계속된 실정과 충남지사 안희정, 부산시장 오거돈, 서울시장 박원순의 성 추문 사건이 연속으로 이어지면서 더욱 가속화되었고 이후 치러진 충남지사, 부산시장, 서울시장의 보궐 선거에서 야당인 국민의힘 후보가 모두 당선되고 말았다.

말로만 외치는 공정과 정의는 결코 실현될 수 없는 것이며 적폐 청산도 내로남불이 되면 정치보복을 그럴듯한 미명으로 포장한 것에 불과하다는 것을 민심이 대변한 결과로 볼 수 있다.

> Korea 나를 위해
> 울지 말아요

그녀가 수감된 서울구치소는 이름과는 달리 경기도 의왕시 의왕 청계 정수장 부근에 있는데 해 뜨기 전의 이른 새벽이 되면 어김없이 이곳으로 몰려드는 사람들이 있었다. 삼삼오오 짝을 지어 모여든 그들은 서로가 잘 아는 사이인지 이른 새벽에 오느라고 수고했다며 반가운 인사를 나눈 후 5시 30분이 되면 구치소를 향해 합창하듯 목청 높여 소리를 지르기 시작했다.

　"박근혜 대통령님, 안녕하세요?"

　누군가가 "다시 한번!" 하고 소리치면 "박근혜 대통령님, 안녕하세요?" 하는 소리가 새벽 공기를 가르며 구치소를 향해 다시 밀려갔고 6시가 되면 "대통령님! 우리가 왔어요. 힘내세요!"라는 외침이 이어졌다. 구호는 하루도 빠지지 않고 어김없이 계속되고 있었다. 그녀의 열성 지지자들이 SNS를 이용하여 매일 조를 짜서 교대로 눈을 비벼 가며 참석하고 있었기에 가능한 일이었다.

　그녀도 조그마한 창문 사이로 들려오는 그들의 외침과 더불어 아침을 시작하고 있었다. 유영하 변호사를 통해 그들 중 상당수가 예비역 장교들이며 더러는 부산 등의 먼 지방에서 밤잠을 설쳐 가며 이곳까지 올라온 여성분들도 있다는 것을 알게 되었다. 가슴이 시리도록 고마운 분들이었다.

그러나 자신의 무능으로 인해 그들이 새벽 찬바람을 맞으며 길거리에서 하염없이 구호를 외치게 만들어 버렸다는 자책감이 가슴을 무겁게 억누르고 있었다. 때문인지 그녀는 수감 생활 내내 세속되고 있었던 그들의 함성에도 불구하고 일체의 반응을 삼가는 엄격한 모습을 보여 주었다. 수감 기간 동안 지지자들이 보내오는 수만 통의 격려 편지를 대하는 자세도 마찬가지였다. 그녀는 그들의 위로와 격려로 위안을 얻기보다는 스스로 채찍질하는 마음으로 거듭나야 한다고 다짐하고 있었다. 그들이 보내는 지지와 성원들은 그녀를 향한 연민과 더불어 대한민국의 민주적 기본질서를 지켜야 한다는 열망이 더 크게 자리하고 있음을 알고 있었기 때문이었다.

어머니에 이어 아버지마저 처참한 모습으로 떠나가 버린 그날 밤, 그녀는 "차라리 저마저 총탄으로 거두어 달라"며 그녀의 삶을 이미 대한민국에 맡겨 버렸다. 이 때문에 이후, 그녀만을 위한 삶이란 존재할 수가 없었다. 성찰과 담금질로 보낸 이십여 년의 세월도 결국에는 어머니와 아버지에 이어 조국의 부름을 기다리는 시련의 기간이지 않았던가. 그녀는 이곳에서의 기나긴 옥중생활도 그러한 시련의 연속으로 받아들이고 있었다. 평범한 사람들로서는 경험하지 못할 숱한 시련을 겪으면서 그녀는 자신도 모르는 사이에 오로지 국가의 안위와 국민 행복만을 바라보는 철의 여인이 되어 가고 있었다.

국정농단 보도 이후 광화문에서 벌어진 일련의 사태를 바라보면서 잘못하다가는 급진적 진보주의자들의 혁명적 방법으로 대한민국이 무법천지가 되고 북한마저 그들에게 가세하는 형국으로 악화할 수도 있다는 우려로 최서원이 취한 사익 추구 행위를 자신의 책임으로 서둘러 인정해 버린 것이 화근이 되어 오늘의 사태가 야기된 것이라는 후회도 있었다.

그러나 그녀는 국정농단을 전면으로 부인하고 비상시국을 수습하기 위하여 대통령에게 주어진 권한을 강력하게 행사하는 방법으로 그들과 대적하다가는 이후에 발생할지도 모르는 국가의 안위에 대한 위험부담이 너무 크다고 생각했다. 이 때문에 헌법이 정하는 민주적 절차에 의해 새 정부가 들어서도록 대통령직을 사임하는 것이 당시의 무법천지가 되어 가고 있었던 위기와 혼란을 극복하는 유일한 길이라고 결심하게 되었다. 해방 이후 국민들이 피땀 흘려 가며 이룩한 자유민주적 기본질서가 급진적 진보세력들에 의해 뿌리째 흔들리게 내버려 둘 수 없었기 때문이었다.

보수층의 탄탄한 지지를 받으면서 대통령이 되었지만, 막상 어려운 국정을 수행하다 보니 대통령은 보수다, 진보다 하는 어느 입장에도 편중되지 않고 오로지 국가의 안위와 국민 행복을 위해서 '더불어 가는 사회'를 만들기 위하여 노력하는 것이 대통령의 책무라는 사실을 깨닫게 되었다. 또한, 기득권 세력과 급진적 진보세력 간의 갈등을 전략적으로 이용하고 있는 정치세력들도 그들만을 위한 대립을 청산하고 이제는 '더불어 가는 사회'를 위하여 힘을 모아야 할 때가 되었다고 생각했다. 가진 자와 그렇지 못한 자, 흙수저로 태어난 자, 금수저로 태어난 자, 착취자로 매도되는 자본가와 약자로 자칭하는 노동자, 사회적으로 성공한 자와 실패한 자가 모두 다 같은 대한민국 국민이기 때문이다.

어머니와 아버지를 비운에 떠나보낸 이후, 그녀는 자신의 의지와 관계없이 숙명적으로 어렵고 외로운 길을 걸어가야 했다. 대한민국 국민이 그녀에게 그 길을 향하도록 명하였기 때문이었다. 그들은 그녀를 아버지에 이어 대통령으로 당선시켜 화려하게 청와대에 입성하게 해 주었다.

그리하여 그녀는 대한민국의 안위와 국민 행복을 위해 자신의 전부를 바쳐 가며 일하고 또 일했다. 그녀의 표현에 의하면 일분일초도 아까운 시간이었다고 했다. 그러나 영광은 순간으로 끝나고 말았다. 가진 자와 못 가진 자의 첨예한 분열과 대립, 그리고 이를 전략적으로 이용한 언론과 정치세력들이 그녀에게 국정농단이라는 허구의 프레임을 씌우고 만 것이다.

죄라고는 오로지 조국을 위해 열심히 일하고 또 일했던 것뿐인데 그녀는 헌정사 초유로 대통령의 직에서 파면되고 말았다. 광화문 광장에서는 무혈혁명이라고 주장하는 급진세력들의 팡파르가 울려 퍼졌고 주체사상으로 무장된 주사파들이 대거 정치의 최전선에 등장하게 되었다.

쫓기듯 청와대를 떠나온 그녀에게 이내 구속영장이 발부되었고 연이어 그녀는 전두환, 노태우에 이어 구속되는 대통령으로 추락하고 말았다. 재판은 무려 3년 9개월에 걸쳐 진행되었다. 대법원에 의해 그녀에게 선고된 최종 형량은 징역 20년, 벌금 180억 그리고 추징금 35억 원이었다. 그러나 철의 여인인 그녀는 이 모든 것을 담담하게 받아들이고 있었다. 그녀는 알고 있었다. 길고 긴 인고의 밤이 지나고 나면 반드시 여명의 새 아침이 온다는 것을—.

Korea

나를 위해 울지 말아요.

그대 비록 내 가진 것 모두 거두어 떠나 버렸지만

그대 향한 내 마음 거둘 수 없어요.

Korea

당신이 떠나 버린 텅 빈 이곳 3평 공간에 홀로 남아

비바람 몰아치는 긴 밤을

오로지 당신 향한 그리움으로 지새우는 동안

벌써 4번의 겨울이 지나가고 있어요.

하지만 나 외롭지 않아요.

나 죽으면 무궁화 되어 당신 곁에 갈 거니까요.

나 알아요.

당신의 사랑은 무궁화이고

무궁화는 당신 생명이라는 것을—.

내가 무궁화 되어 다시 태어나면
시련의 오랜 세월
찬 이슬 된서리 맞으며 피어난 무궁화 꽃향기를
그대 가슴이 취하도록 뿌려 줄 거예요.

Korea

나를 위해 울지 말아요.

그대 비록 내 곁을 떠나갔지만

내 가슴속에 당신은 아직도 따뜻한 모습으로

남아 있어요.

Korea

나를 위해 울지 말아요.

내가 대신

그대 위해 울어 줄게요.

참고문헌

김관모, 『기획된 탄핵 조작된 민심』, 정치이야기, 2020.

김대우, 『전방은 괜찮나요』, 태웅출판사, 2012.

김대우·김구철, 『여풍당당 박근혜』, 행복에너지, 2012.

박근혜, 『나의 어머니 육영수』, 사람과사람, 2000.

박근혜, 『그리움은 아무에게나 생기지 않습니다』, 가로세로연구소, 2021.

박근혜연구회, 『박근혜 일기』, 동동, 2012.

안병훈, 『혁명아 박정희 대통령의 생애』, 기파랑, 2015.

우종창, 『대통령을 묻어버린 거짓의 산 1』, 거짓과진실, 2019.

우종창, 『대통령을 묻어버린 거짓의 산 2』, 거짓과진실, 2020.

우종창, 『어둠과 위선의 기록 - 박근혜 탄핵백서』, 2021.

원붕, 『박근혜 대통령 새 정치시대』, 행복에너지, 2013.

이수광, 『인간 박정희』, 글로리아, 2005.

이진동, 『이렇게 시작되었다』, 개마고원, 2018.

조갑제, 『박정희』, 조갑제닷컴, 2007.

최영준·최일봉, 『박근혜 퇴진 촛불 운동 현장 보고와 분석』, 책갈피, 2017.

한석훈, 『박근혜 대통령 탄핵과 재판 공정했는가』, 기파랑, 2021.

Korea 나를 위해 울지 말아요

ⓒ 박기석, 2023

초판 1쇄 발행 2023년 5월 31일

지은이   박기석
펴낸이   박기석
편집   좋은땅 편집팀
펴낸곳   경희출판사
주소   인천 중구 영종대로 15-15 1411호
전화   032-744-8234
이메일   pks@khcustoms.co.kr
홈페이지 https://youtube.com/@pks82345

ISBN   979-11-983140-0-0 (03300)